悦·读人生

On Kant
康德

[美]加勒特·汤姆森(Garrett Thomson)◎著
赵成文 藤晓冰 孟令朋◎译

清华大学出版社
北京

北京市版权局著作权合同登记号 图字01-2018-2287号

On Kant
Garrett Thomson

Copyright © 2014 by Wadsworth, a part of Cengage Learning.

Original edition published by Cengage Learning. All Rights Reserved. 本书原版由圣智学习出版公司出版。版权所有，盗印必究。

Tsinghua University Press is authorized by Cengage Learning to publish and distribute exclusively this simplified Chinese edition. This edition is authorized for sale in the People's Republic of China only (excluding Hong Kong, Macao SAR and Taiwan). Unauthorized export of this edition is a violation of the Copyright Act. No part of this publication may be reproduced or distributed by any means, or stored in a database or retrieval system, without the prior written permission of the publisher.
本书中文简体字翻译版由圣智学习出版公司授权清华大学出版社独家出版发行。此版本仅限在中华人民共和国境内（不包括中国香港、澳门特别行政区及中国台湾）销售。未经授权的本书出口将被视为违反版权法的行为。未经出版者预先书面许可，不得以任何方式复制或发行本书的任何部分。

Cengage Learning Asia Pte. Ltd.
151 Lorong Chuan, #02-08 New Tech Park, Singapore 556741

本书中文译文为中华书局许可使用。
本书封面贴有 Cengage Learning 防伪标签，无标签者不得销售。
版权所有，侵权必究。举报：010-62782989，beiqinquan@tup.tsinghua.edu.cn。

图书在版编目（CIP）数据

康德 /（美）加勒特·汤姆森（Garrett Thomson）著；赵成文，藤晓冰，孟令朋译. —北京：清华大学出版社，2019（2023.2 重印）
（悦·读人生）
书名原文：On Kant
ISBN 978-7-302-52528-8

Ⅰ. ①康⋯ Ⅱ. ①加⋯ ②赵⋯ ③藤⋯ ④孟⋯ Ⅲ. ①康德（Kant, Immanuel 1724–1804）—思想评论 Ⅳ. ① B516.31

中国版本图书馆 CIP 数据核字（2019）第 047706 号

责任编辑：刘志彬
封面设计：李召霞
责任校对：王荣静
责任印制：沈　露

出版发行：	清华大学出版社		地　址：	北京清华大学学研大厦 A 座
	http://www.tup.com.cn		邮　编：	100084
	社 总 机：010-83470000		邮　购：	010-62786544
	投稿与读者服务：010-62776969，c-service@tup.tsinghua.edu.cn			
	质量反馈：010-62772015，zhiliang@tup.tsinghua.edu.cn			
印 装 者：	三河市东方印刷有限公司			
经　销：	全国新华书店			
开　本：	148mm×210mm	印　张：5.75	字　数：	106 千字
版　次：	2019 年 5 月第 1 版	印　次：2023 年 2 月第 4 次印刷		
定　价：	35.00 元			

产品编号：077049-01

康　德

伊曼努尔·康德（Immanuel Kant, 1724—1804），德国哲学家、德国古典哲学创始人。出身贫寒，一生深居简出，终身未娶，过着单调机械的学者生活，没有生活，没有事件。他终生从未踏出过出生地柯尼斯堡半步。著有《纯粹理性批判》《实践理性批判》《判断力批判》三大批判等。

康德推翻了当时流行于欧洲大陆的旧的莱布尼茨－沃尔夫形而上学体系，开拓了从主体的角度去探讨哲学根本问题的新方向。认为"不是事物在影响人，而是人在影响事物"。他"批判"地研究人的认识能力及其范围与限度，将世界划分为"现象界"与"本体界"。他还提出了以"二律背反"为核心的消极辩证法。

康德哲学具有划时代的意义。有人把它比作蓄水池，前人的思想汇集于此，后人的思想则从中流出来；也有人将他的哲学比作一座桥，想入哲学之门就得通过康德之桥。

内容简介

本书将游历康德哲学的旅程划分为三个部分，第一部分集中于第一批判和康德关于自然哲学的著作，第二部分集中于第二批判和康德的道德哲学，第三部分集中于第三批判和调和哲学，富有条理地系统阐述康德的哲学，便于读者把握其思想体系。

总序

贺麟先生在抗战时期写道:"西洋哲学之传播到中国来,实在太晚!中国哲学界缺乏先知先觉人士及早认识西洋哲学的真面目,批评地介绍到中国来,这使得中国的学术文化实在吃亏不小。"[①] 贺麟先生主持的"西洋哲学名著翻译委员会"大力引进西方哲学,解放后商务印书馆出版的《汉译世界学术名著》的"哲学"和"政治学"系列以翻译引进西方哲学名著为主。20世纪80年代以来,三联书店、上海译文出版社、华夏出版社等大力翻译出版现代西方哲学著作,这些译著改变了中国学者对西方哲

---

① 贺麟. 当代中国哲学. 上海:上海书店,1945:26.

学知之甚少的局面。但也造成新的问题：西方哲学的译著即使被译为汉语，初学者也难以理解，或难以接受。王国维先生当年发现西方哲学中"可爱者不可信，可信者不可爱"，不少读者至今仍有这样体会。比如，有读者在网上说："对于研究者来说，原著和已经成为经典的研究性著作应是最该着力的地方。但哲学也需要普及，这样的哲学普及著作对于像我这样的哲学爱好者和初学者都很有意义，起码可以避免误解，尤其是那种自以为是的误解。只是这样的书还太少，尤其是国内著作。"这些话表达出读者的迫切需求。

为了克服西方哲学的研究和普及之间的隔阂，清华大学出版社引进翻译了国际著名教育出版巨头圣智学习集团的"华兹华斯哲学家丛书"（Wadsworth Philosophers）。"华兹华斯"是高等教育教科书的系列丛书，门类齐全，"哲学家丛书"是"人文社会科学类"中"哲学系列"的一种，现已出版88本。这套丛书集学术性与普及性于一体，每本书作者都是研究其所论述的哲学家的著名学者，发表过专业性很强的学术著作和论文，他们在为本丛书撰稿时以普及和入门为目的，用概要方式介绍哲学家主要思想，要言不烦，而又不泛泛而谈。因此这套书特点和要点突出，文字简明通俗，同时不失学术性，或评论哲学家的是非得失，或介绍哲学界的争议，每本书后还附有该哲学家著作和重要第二手研究著作的书目，供有兴趣读者作继续阅读之用。由于这些优点，这套丛书在国外是不可多得的哲学畅销书，不但是哲学教科书，而且是很多哲学业余爱好者的必读书。

"华兹华斯哲学家丛书"所介绍的，包括耶稣、佛陀等宗教创始人，沃斯通克拉夫特、艾茵·兰德等文学家，还包括老子、庄子等中国思想家。清华大学出版社从中精选出中国人亟须了解的主要西方哲学家，以及陀思妥耶夫斯基、梭罗和加缪等富有哲思的文学家和思想家，以飨读者。清华大学出版社非常重视哲学领域，引进出版的《大问题：简明哲学导论》等重磅图书奠定了在哲学领域的市场地位。这次引进翻译这套西文丛书，更会强化这一地位。现在越来越多的人认识到，在思想文化频繁交流的全球化时代，没有基本的西学知识，也不能真正懂得中华文化传统的精华，读一些西方哲学的书是青年学子的必修课，而且成为各种职业人继续教育的新时尚。清华大学出版社的出版物对弘扬祖国优秀文化传统和引领时代风尚起到积极推动作用，值得赞扬和支持。

张世英先生担任这套译丛的主编，他老当益壮，精神矍铄，认真负责地选译者，审译稿。张先生是我崇敬的前辈，多年聆听他的教导，这次与他的合作，更使我受益良多。这套丛书的各位译者都是学有专攻的知名学者或后起之秀，他们以深厚的学养和翻译经验为基础，翻译信实可靠，保持了原书详略得当、可读性强的特点。

本丛书共44册，之前在中华书局出版过，得到读者好评。

我看到这样一些网评："简明、流畅、通俗、易懂，即使你没有系统学过哲学，也能读懂"；"本书的脉络非常清晰，是一本通俗的入门书"；"集文化普及和学术研究为一体"；"要在一百来页中介绍清楚他的整个哲学体系，也只能是一种概述。但对于普通读者来说，这种概述很有意义，简单清晰的描述往往能解决很多阅读原著过程中出现的误解和迷惑"'；等等。

这些评论让我感到欣慰，因为我深知哲学的普及读物比专业论著更难写。我在中学学几何时曾总结出这样的学习经验：不要满足于找到一道题的证明，而要找出步骤最少的证明，这才是最难、最有趣的智力训练。想不到学习哲学多年后也有了类似的学习经验：由简入繁易、化繁为简难。单从这一点看，柏拉图学园门楣上的题词"不懂几何者莫入此门"所言不虚。我先后撰写过十几本书，最厚的有八九十万字，但影响最大的只是两本30余万字的教科书。我主编过七八本书，最厚的有100多万字，但影响最大的是这套丛书中多种10万字左右的小册子。现在学术界以研究专著为学问，以随笔感想为时尚。我的理想是写学术性、有个性的教科书，用简明的思想、流畅的文字化解西方哲学著作烦琐晦涩的思想，同时保持其细致缜密的辨析和论证。为此，我最近提出了"中国大众的西方哲学"的主张。我自知"中国大众的西方哲学，现在还不是现实，而是一个实践的目标。本人实践的第一步是要用中文把现代西方哲学的一些片段和观点讲得清楚明白"①。欣闻清华大学出版社要修订再版这套译丛,每本书都是讲得清楚明白的思想家的深奥哲理。我相信这套丛书将更广泛地传播中国大众的西方哲学,使西方哲学融合在中国当代思想之中。

赵敦华
2019 年 4 月

---

① 详见赵敦华. 中国大众的现代西方哲学. 新华文摘,2013(17):40.

序 | Preface

康德是所有时代中最伟大的哲学家之一，很少有人对此会有异议。但确有持不同观点者。例如，弗朗茨·布伦塔诺（1838—1917）写道："我认为康德的整个哲学是一团混乱，而且甚至是导致了更大错误的混乱。"为什么会有这么强烈的指摘呢？或许这真的有点道理。对康德哲学的负面评价提醒我们对那些伟大的名人也不要想当然。它提出了一个挑战：我们必须揭示出为什么康德的理论在哲学上是重要的和富有洞见的。

作为一位拥有渊博的自然科学知识的哲学家，康德试图向我们显示为什么自然世界有这样的普遍特征，即为什么自然世界是由处在时空和因果中的对象组成的?康德这样做的目的是要把科学知识从怀疑主义中拯救出来,并且显示为什么形而上学注定要失败。这正是第一批判要完成的计划。

康德也是一位对道德有着深刻理解的哲学家。他看到道德不仅要求而且正是基于人的至高无上的自由价值之上的。我们都有自由意志,因此,作为人,我们必须相互尊重并且尊重自身。阐释并论证这种道德观正是第二批判的计划。

第一批判告诉我们,我们生活在一个机械的时空世界中。第二批判则告诉我们,我们是自由的、道德的存在者。这二者又怎样才能协调呢?这是整个近代的重大问题的一部分:自然怎样才能与道德以及宗教协调一致?

许多读者认为康德通过宣称存在着两个世界来回答这些问题,而这两个世界即为:处在时空中的事物的自然世界和一个超感觉、超时空以及超机械要求的世界。正如我们将要看到的,这是对康德哲学的误解,从而也是诸如布伦塔诺之类的哲学家们不满的原因。

阅读康德存在着另一途径,它并不要求两个世界的理论。康德自己对第一和第二批判或者说对科学和道德之间的调和是在第三批判中进行的。在第三批判中,康德给了我们一个基于自然美的独特的答案。或许这不需要一种两个世界的理论。

这正是我们把游历康德哲学的旅程划分为三个部分的原因。第一部分集中于第一批判和他关于自然科学的著作

（1—7章）；第二部分集中于他的道德哲学［他的有关宗教和政治学的著作也作为这里的一部分（8—10章）］；第三部分则集中于第三批判的调和（11章）。通过这一途径，我们就能给作为一个整体的康德的批判哲学的这个简要研究提供条理性和一致性，并能回答布伦塔诺之类的批评者。

  我想把这本书献给我的爱妻——海伦娜。

  这本书于许多其他有关康德的著作受惠良多。我要感谢阿德里安·穆尔博士，菲利普·图雷茨基博士，以及丹·科拉克博士。

  参考文献中给出了康德原始文本的参考书的略语表。例如《判断力批判》，用的是梅雷狄斯（Meredith）的译本，因此，参考书用以下形式给出：M., P. 12。唯一的例外是《纯粹理性批判》，参考书提供的是原始文本的页码（例如，A234）。

目录 Contents

总序
序

1　超越传统 / 001
第一批判的问题 / 006
回答 / 009
经验的两个方面 / 012
对应图 / 013

2　经验的必要条件 / 015
形而上学演绎 / 017
统觉的先验统一 / 018
先验演绎 / 020
图式论 / 022
原理 / 023

概念式的和心理学上的 / 026

3　客观性与观念论　029

客观性 / 031

先验观念论 / 035

4　原因与结果　045

唯理论的原因观念 / 046

休谟之叉 / 047

康德的三叉戟 / 048

康德对休谟的回答 / 052

第一类比 / 056

第三类比 / 059

5　空间与时间　061

作为先天的空间 / 063

作为直观的空间和时间 / 067

时间 / 070

解释的问题 / 073

6　科学：非绝对的客观性　077

运动学 / 081

动力学：不可入性 / 082

机械学：物质与质量 / 084

现象学 / 085
因果法则 / 086

7　089　理性批判
谬误推理 / 092
二律背反 / 094
一些结论 / 100

8　103　道德命令
回答 / 107
绝对命令的表述形式 / 110
论证 / 114
自由的形而上学 / 116
关于德行的理论 / 118
存留问题 / 119

9　121　政治学 / 121

10　129　上帝与宗教 / 129
对上帝存在证明的反驳 / 132
上帝的理念 / 133
一个实践的证明 / 135

11 | 目的论之美 / 141

美 / 144
两大批判的统一 / 145
崇高 / 149
目的论 / 150

结论 / 155

参考书目 / 159

1 超越传统

On Kant

1770年,雅各布·伦兹专门论及康德的"思想的朴素性和生活的自然性"。赫尔德也称赞康德灵魂的自由和愉悦。康德的讲课是"最引人入胜的演说",赫尔德说,"康德随心所欲挥洒着美妙的才智和幽默"。但这却不是我们从《纯粹理性批判》中获得的印象。康德本人在日记中写道:"我的讲话方式……有点学究气,因此显得小题大做和干巴巴的。"

要把握这种不一致,我们必须理解第一批判的背景。康德的早年生活是相当贫困的,他一直寄宿,直到59岁才有自己的家。在1755年获得博士学位之后,康德作为一名私人教师开始讲课生涯,仅仅从选他课的学生那儿收一点学费。他在这一职位上干了15年。康德不得不成为一名条理清楚而富有趣味的教师，并且，他也确实很受欢迎。1770年，他被任命为逻辑和形而上学教授，这是他生活中的转折点。这一新得到的职位给他提供了时间和稳定性来筹划一项雄心勃勃的新工作，这就是第一批判。

康德的早期哲学是那个时代的典型的唯理论的一个变种，这种唯理论风格是在沃尔夫和莱布尼茨之后形成的。在1770年前后的某段时间里，阅读休谟使康德从他的独断论的迷梦中被唤醒，开始进入一个异乎寻常的观念孕育的过程。在著作出版之前，康德经过了十多年认真的反思。他的著作表达了为摆脱那个时代预先假定的东西所进行的一场长期搏斗。德语作为书面语当时仍是门新语言，还没有建立起一套专门的词汇，因此使这项任务变得相当困难。于是康德发明了一些新的德语词汇，这些词汇很难被掌握。

令人吃惊的是，康德从一开始就把他的哲学设想为一个整体。1771年，他设计了一个关于感性和理性界限的计划，这一计划覆盖了形而上学、道德学和美学。1772年，他希望有关形而上学的第一卷在三个月内能准备就绪。当他详尽地研究了他的范围广泛的观点细节后，他意识到设计"一个全新的、完整的概念科学"所必需的时间和努力。1776年，他的写作遇到了阻碍，后来他解释说，虽然第一批判是"我至少12年思考的结果，但我是以最快的速度在四、五个月的时间内完成的。我把注意力全部集中到内容上，而很少考虑到如何说明的问题……"。然而，他说他并没有对这个决定感到遗憾，否则的话，"这项工作或许永远也不能完成"。

最后，当阻碍打破时，一股巨大的洪流倾泻而出。《纯粹理性批判》第一版于1781年出版了，当时康德已57岁。他进入一个疯狂的写作时期，清楚有力地表达了他的理论对于伦理、政治、历史、宗教、科学和艺术的含义。在1781年至1797年间，他写了8本主要著作，以及大量的随笔和文章。这里的每一本著作都被认为是各自所在领域里的经典。它们包括：《纯粹理性批判》（A版，1781年）、《任何未来形而上学导论》（1783年）、《道德形而上学的基础》（1785年）、《自然科学的形而上学基础》（1786年）、《纯粹理性批判》（B版，1787年）《实践理性批判》（1788年）《判断力批判》（1790年）、《单纯理性范围内的宗教》（1793年）、《道德形而上学》（1797年）。

这一令人震惊的巨大思想领域的入口处，就是这第一本重要的著作——《纯粹理性批判》。由于读者在理解他的观点时有相当大的困难，康德在1787年的版本中部分重写了这本书。在我们进入第一个房间之前，我们需要理解周围的风景。康德哲学的辉煌在于它如何识别出并超越他所处时代哲学中的两个具有支配地位的传统，即唯理论和经验论，分别以莱布尼茨和休谟为主要代表。"唯理论"和"经验论"是对17和18世纪的主要哲学家们的概括，但容易使人误解，那个时代的哲学家们并不用这些术语来看待自己。然而，尽管有简单化之嫌，这仍然是一种有助于理解康德的有益的分类。

唯理论者相信事物的基本性质可以通过理性来发现。按照充足理由律，每一物必须有一个充分的原因，并且在这个意义上，宇宙正是合乎理性地按照可被理性把握的原理来行动的。一扇窗子破碎了，倘若充分描述其原因，我们就会明白窗子必然要破碎。鉴于这些原因，窗子如此破碎就必然会发生。因此，解释就等于逻辑上的证明。实际上，这意味着所有的真理都是必然真理，原则上我们仅凭理性本身就能认识它们，而无须借助感性经验。按照唯理论者的看法，感性经验在任何情况下都是知性把握的低级形式，它并不给我们有关事物原因的知识。

这一时期的经验论体现于两个重要的原理中。其一，所有的知识和概念必然来自感觉经验。其二，所有我们直接感觉到的东西只是我们自己的观念。这些原理都有鲜明的怀疑的含义。基于这些原理，我们又怎么能认识我们观念之外的事物，比如物质对象呢？甚至我们怎么能具有这类事物的概念呢？休谟看到，基于这些经验论的原理，许多我们深以为然的信念都不能被证明。理性和感觉经验都不能证明有关对象、因果关系和自我的信念。这两个经验论原理也意味着没有关于这个世界的先天知识。按照休谟的观点，所有必然的真理都是同义反复，它们是分析命题，仅仅显示概念间的逻辑关系而并不给出有关事实的实质的知识。因此，经验论否认世界的知识能从理性中获得。

近代哲学处于一种僵局之中。值得注意的是，对这一时期的这个总体诊断在很大程度上要归功于康德。他相信唯理论和经验论应用了某些相同的基本假定，需要拒斥这些假定，从而打破这一僵局。

第一批判的问题

正如《纯粹理性批判》的标题所表明的，康德的主要目标是要批判理性。这意味着要抑制理性的野心，这野心就是要获得超越任何可能经验的有关世界的形而上学知识。唯理论者声称，这些知识通过推理是可能的。例如，莱布尼茨和斯宾诺莎给出了关于宇宙本性的详尽理论，这些理论据说是来自理性的原理之上。康德认为这些有关世界的形而上学知识是不可能的。他拒绝唯理论。

康德有一个高超的策略。在第一批判的前面部分，他提供了一个有关知识和经验的积极的理论，使他得以在后面批判唯理论的形而上学。这一积极的理论构建了一种反对经验论的富有洞见的论证。换句话说，康德用一种非经验论者的经验理论来批评唯理论。因此，我们可以把第一批判分为两个部分：在第一部分中，康德建立起他的非经验论者的经验理论（在感性论和分析论中）；在第二部分即辩证论中，他显示出这一理论是如何挖掉唯理论形而上学的基础的。

在这一批判的第一部分中，康德引入先天综合真理这个关键概念。康德认为，存在着关于世界的必然真理。这些是必然为真的命题，它们也提供给我们关于事物如何存在的信息。思考一下这一判断："世界是空间性的。"这似乎不仅仅是一个经验真理，因为对象必须存在于空间中，因而世界不得不是空间性的。在任何情况下，它都是一个先天命题。另外，它又是一个提供了关于世界的信息的命题，若只是根据其所包含的词语的含义，它并不为真。在任何情况下，它都不是一个分析真理。看来我们有一种是必然真理、但不是分析真理的命题。康德断言，这是一个先天综合真理。

这里有两对对比，一方面是分析的——综合的，一方面是先天的——经验的。先天真理是必然为真的，而一个经验真理不是必然为真的；一个分析真理是单根据其术语的含义就为真的，而一个综合真理还要根据世界存在的方式才为真的。先天分析真理的例子是："所有的兄弟都是男的"，"一个三角形有三条边"，"所有的结果都有原因"。经验综合真理的例子是："有些兄弟惹恼了他们的姐妹"，"约翰的房间呈三角形"，"爆炸的原因不知道"。

大多数人认为所有的先天真理是分析的，而所有的综合命题是经验的（的确，这是经验论哲学的一个重要信条）。这一假定排除了存在关于世界的先天真理的可能性。根据这一假定，所有先天真理仅仅给予我们关于词语的含义或定义的信息。康德拒斥这种假定，按照他的观点，某些必然真理不是分析的。例如："每一事件都有一个原因"，"三角形的内角和等于180度"。先天综合真理是自然科学和数学的本质部分。几何学由关于空间的先天综合真理组成。尽管先天综合真理有着丰富性和重要性，但令人困惑的是：如何可能存在着不根据所包含的词语的含义就必然为真的判断？先天综合真理看来像是一种奇怪的命题类型。我们能理解为什么存在先天分析真理，因为它们是根据定义或语言的含义为真的。但是先天综合真理是如何可能的呢？康德将在这一批判的前半部分回答这一问题，这是通过发展出一种新的关于经验和知识的理论来完成的。

　　这一问题听起来像是技术性的，并且遮蔽了它的重要意义。有两点纠正了这一印象。其一，根据康德，这些先天综合命题形成了数学和自然科学的脊柱。因此，技术性的问题等同于追问自然科学和数学是如何可能的。如果我们理解了它们是如何起作用的，我们就能判断形而上学是如何可能的。换句话说，通过回答"先天综合真理是如何可能的"这个问题，康德将回答"自然科学和数学是如何可能的？"这个问题，而这又能使他回答"形而上学是如何可能的？"其二，在回答"先天综合真理是如何可能的？"这一问题时，康德将发展出一个反对经验论的稳固论证。实际上，这一问题本身就已是对经验论的对抗，因为经验论哲学家会声称所有有意义的句子不是经验的就是分析的。他们不会承认先天综合的可能性。这是一个我们在后面必然还要回来处理的对立。

回　　答

先天综合真理是如何可能的？康德的回答是一种非经验论者的知识理论，也是他对唯理论批评的基础。他的回答在于以下两个方面，二者都是必要的，但又都不是充分的。这一批判的两个核心支柱是：

1）任何可能经验的必要条件：

康德将论证空间、时间和范畴是任何可能经验的必要条件。所有经验必须服从于这些条件。康德试图用所谓先验证明的论证来建立这些必要条件，其中最重要的证明就是先验演绎。这些论证试图建立任何经验都必须具有的经验的结构特征。用康德的术语来说，这些是任何可能经验的先天形式。

2）先验观念论：

然而，建立所有的经验都有一个必然的结构本身还不能解释关于世界的先天综合真理是如何可能的。此外，我们还需要满足这一点，即世界也必须有和经验同样的结构。这一点恰恰正是康德要论证的。他宣称世界有某种先天形式（或者必然结构）就是因为经验必须有这个先天形式。以这种方式，世界的结构不是取决于其他的方式，而是取决于经验的结构。

这听起来有点奇怪。通常，我们会假设我们的经验服从于世界。然而，根据先天形式或结构，康德却断言与此相反。经验统治着这个世界。这是如何可能的呢？康德把这一革命性的观点与哥白尼的观点相比较，哥白尼放弃了地球是静止的而太阳围绕它旋转的假定。康德自己的哥白尼革命则包括放弃世界就是绝对按照它自身所是的样子的假定。用康德的话来说就是，它包括放弃在时空中的对象世界就是物自体或事物本身的假定。相反，我们应该肯定，处在时空中的对象是现象。这个论题被称作先验观念论。

先验观念论宣称，处在时空中的对象世界，对于经验的必要条件来说，并不是绝对的，而是相对的。否定的命题是，如果对象世界超出了这些条件或限制，就使人想到这样一种世界观念：世界本身是作为物自体，是其所是。按照康德，物自体的概念在理论知识中不起积极的作用。它是一个空洞的概念，仅仅唤起我们想到知识和感觉的界限——也即被经验的必要条件所设定的限定性条件。先验实在论是一种把对象看作物自体的观点。康德是如何证明他的先验观念论的呢？他先明确，我们有关于世界的先天综合知识，因为几何学是一个明显的例子。康德还认为唯理论和经验论都不能解释这样的知识。他自己的回答是阐明任何可能经验的必要条件。这样做至少能给我们提供关于经验的先天命题。但显示出经验自身的必要条件还不能保证真实世界会服从于这些条件。因此,先验观念论必须为真。除了放弃先验实在论的假定以外,我们没有办法来保证世界确实服从于经验的条件。

这两大支柱解释了先天综合真理是如何可能的,从而也解释了自然科学和数学是如何运作的。思考一下下面的论证,它简要地概括了这一批判的核心部分:

1. 句子 S 陈述了一个经验的必要条件;
2. 世界必须服从于经验的必要条件;
3. 因此,句子 S 是有关这个世界先天为真的陈述。

对于 S,我们可以举出任何先天综合命题,例如"所有的事件都是(由原因)导致的"。前提 1 是对经验的必要条件的陈述,这是第一根支柱。前提 2 是一个先验观念论的陈述,即第二根支柱。他们合在一起暗含并解释了 3。很显然,这两个前提需要详细论证。这一批判前一半的最主要工作之一就是做这件事。

举例说明。根据康德,"每一事件都有原因"是先天综合,它是非分析的必然真理。如此奇怪的真理是如何可能的呢?第一根支柱:康德论证"原因"范畴是经验的一个必要条件;一个无原因的事件不可能被经验。第二根支柱:作为先验观念论的结果,一个不能被经验的事件不会是经验世界的一部分。因此,每一事件都有原因,"事件"和"原因"这两个概念是不同的，但可以通过经验的必要条件的概念联系起来。

康德对先天综合真理的解释构成了一个反对经验论的持续的论证。实质上，他的论证等于这一命题，即经验论没有考虑经验的必然的结构特征。因此，他的反对经验论的论证集中于两个支柱中的第一根，而反对唯理论的论证则集中于第二根，即先验观念论。

经验的两个方面

据康德，经验既要求一种感觉的输入，又要求一种概念的元素。用他的话来说，经验既需要直观又需要概念（或感性与知性），经验的这两个方面是彼此完全不同的，一个不能还原为另一个。这些康德式的核心命题代替了唯理论和经验论的传统。这两个传统都把感觉和概念之间的不同看作程度的不同，而不是种类的不同。例如，经验论者如洛克、休谟都把概念当作感觉印象的微弱的复本，而唯理论者如莱布尼茨和斯宾诺莎则把感觉当作思想的低级和混乱的形式。唯理论者认为知识在原则上可以通过推理获知，而经验论者则认为所有的知识必须来自感觉经验。两者以各自的方式认为只有唯一的知识来源。

通过区分直观和概念，康德超越了这两个传统。他认为感性直观和知性概念对于经验和知识都是必要的。再者，对于他来说，二者的区别是种类上的不同。他说：感性不能思维而知性不能直观。直观是经验内的感性元素，它是被动接受的并构成我们的个体经验。概念是经验内的类别和普遍元素。既然一个离开了另一个就毫无意义，那么我们就不应该把它们当作可以独立存在的经验元素。这就是我称它们为经验的两个方面的原因。感性或知性单独对于经验都是不充分的。"直观无概念则盲，概念无直观则空。"这正是康德的理论如何既超越经验论又超越唯理论之所在。针对经验论，他断言直观无概念是盲目的。这意味着没有概念的感觉材料和感性印象是无法描述的。它们不能构成一个经验。而针对唯理论，他断言没有直观的概念是空的。概念除去在经验中所起的作用外没有真正的意义。

对 应 图

所有的经验必须有一个确定的次序或先天形式。康德把对这些先天形式的研究分为两个部分，用来思考感性直观和概念之间的不同。感性和知性的官能都有先天形式。在感性论中，康德研究感性的先天形式，即时空。在分析论中，康德研究知性的先天形式，即范畴。这确定了第一批判的肯定方面的形式。康德接着在辩证论中抨击独断的形而上学。这构成了对这种官能的批判，亦即理性的批判。

批判的划分	先天形式	官能
感性论	时空	感性
分析论	范畴	知性
辩证论	——	理性

这本书的主要划分反映出存在三种主要官能：感性、知性和理性。前两者对于经验都是必须的（分别在感性论和分析论中得到研究）。而理性对于经验则不是必须的。这就是为什么严格说来理性不具有先天形式。正如我们将要看到的，理性的观念不是经验的必要条件。

2

On Kant ——————— 经验的必要条件

这一批判的第一支柱是经验的必要条件（第二支柱是先验观念论，这是下一章的主题）。康德对两种必要条件进行论证，即时空和十二范畴。前者是感性的先天形式，后者是知性的先天形式。这一批判的核心就在于康德要论证范畴是经验的必要条件。这体现在所谓形而上学演绎和先验演绎之中。

在区分这些细节之前，让我们先看看为什么康德的方法是全新的。首先，经验论者把概念看作感觉意象微弱的复本，这一点是在他们的所有概念都来自感觉经验的命题中隐含着的。康德拒斥这一点。他把概念看作进行判断的规则，这意味着它们不像内在意象的复本。这使康德能够显示出在经验的感性方面和概念方面之间存在着种类上的不同。

其次，经验论者倾向于把概念具体化，或者把它们当作心灵中的事物或事项。康德避免这一做法。他认为概念的意义依据于它们在判断中的功能。最后，经验论者忽视经验和知识的结构特征，而这正是康德关心的焦点。

形而上学演绎

在形而上学演绎中，康德试图列出备选范畴的名称表。在以后的先验演绎中，康德试图显示这些范畴的确是经验的必要条件。得到备选范畴的列表必须依据一个原则来完成。康德对这一点作出了论证。

1）首先，他确定判断必须有一个形式。当我们作"煤是黑色的"这样的判断时，作为概念的"煤"和"黑色"形成了判断内容，它们支配着判断是关于什么的。动词"是"不是判断内容的部分，它决定判断的形式或逻辑结构。在这一点上，它与其他的概念根本不同。康德列出了判断的形式表，这一点得益于亚里士多德。

2）其次，康德论证知觉是一种判断。看见一张桌子就是做有关它的判断。在宣称这一观点时，康德在提出一种根本不同于经验论者的知觉观，后者认为知觉仅仅在于对感性材料或印象的消极接受。

这两个步骤使康德能够论证感觉经验应该有一个结构，它是被判断的逻辑形式所确定的。如果知觉经验是一种判断，并且如果判断有确定的形式或结构，那么备选范畴（可能经验的必要条件）就是判断的形式。在确定完这些范畴后，他必须显示存在着经验的必要条件。这就是先验演绎。

统觉的先验统一

先验演绎的论证引入了一个基本全新的概念——统觉的先验统一。这是经验必须有的形式统一。所有你的经验都属于一个意识。当你眺望窗外时，你看见的所有景象都是统一在一起的，这都是你的经验。这种形式统一就是使自我意识成为可能的东西。它使得这种想法成为可能："这些经验是我的。"这种统一使我的这些经验意识成为可能。经验有一个统一体，正因为如此，我才能把我的经验意识为我的经验。根据康德，这种统觉的先验统一是所有经验的一个条件。

这种统一通常是用一个类比来解释。倾听二十个音调组成的一个曲子的经验，不同于听二十个不同音调的经验。在这种情形下，所有的经验都类似于听一首歌的经验。然而，这种类比含有一种误解，即甚至一个音调的经验也必须从属于这种统一体。这种统觉的先验统一不是一个自我的观念，它不是一个存在。它是一种经验的抽象、形式或结构的特征。康德认识到它不是一个经验的对象，因为这种统一是任何经验都要求的。它不是一个能被经验到的事项。它使所有的经验成为可能，包括普通的自我和内省意识。当我意识到我自己的经验或我自己的身体时，统觉的先验统一已经被预设了，这样的经验不能构成这种先验统一。基于这些原因，我们必须不把统觉的先验统一当作一种超验的或本体的神秘意识。它是经验的一种形式化的特征。它不是任何事物的意识，而是所有意识的特征和条件。

康德的观念可以用更现代的方式加以解释。在下面的两组不同的事物之间有一种差异：一组是"加勒特·汤姆森"和"迈克尔·林塞"，一组是"我"和"他"。第一对词仅仅是非特指某人地指出有两个人，而第二对词则表达一个观点，它把世界划分为我和非我。这两对词的区别对我们每个人都是极其重要的，因为一些非特指某人的区别可以相当于我和非我之间的区别，这正是我们的主体性的一个条件。对于康德，这种区别是由于统觉的先验统一才成为可能的。请注意，这两个词"加勒特"和"我"都指同一事物，我们不是非要指派"我"成为一个特殊的指示物或对象。

康德对待"我"的方法是崭新的、深刻的。唯理论者笛卡尔用"我思"来表示不同于身体的一种实体的存在。而这忽视了一个有关意识的重要悖论——这是一种我们不能经验它的东西,因为它就是经验。正如谚语所谓"看的我却不能看见我本身"。康德认识到这个悖论的要义并且对它加以解释。按照康德的观点,"我"不是一个可能经验的对象,因为"我"是经验的先决条件。康德没有把"我"当作一个物体。

经验论者休谟也拒绝笛卡尔对"我"的具体化。他注意到没有有关"我"的感觉印象。按照休谟,所有的概念必须来自感觉印象。因此,休谟对这个关于"我"的概念基本上持一种怀疑论的立场。康德抛弃了休谟的怀疑主义,他认同休谟而反对笛卡尔的地方是"我"不能是一个经验对象,但是他不赞成休谟认为的这意味着"我"的概念无法得到证明。康德认为,"我"可以作为所有意识的必要特征而得到证明。

先 验 演 绎

先验演绎基本上由范畴实际上是经验的必要条件的论证组成。这个演绎也包括另外一个论证,就是要显示经验必须有客观特征,但这将是下一章的论题。在这个说明中,我们将集中在演绎的 B 版,B 版与早期的 A 版形成对照。这一论证的基石是宣称:统觉的先验统一是经验的必要条件。康德认为这种统一要求经验是一种判断。他宣称,所有判断都要求判断形式或者说范畴。因此,倘若没有范畴,统觉的统一和经验本身均不可能。这一论证可以概括如下：

1. 所有经验必须从属于统觉的先验统一。

2. 而这要求经验体现为判断。

3. 所有的判断都必须有一个形式。

4. 因此，判断形式是经验的必要条件。

范畴对于经验的可能性是必需的，所有的经验都从属于它们，否则经验就不能从属于统觉的先验统一。既然经验需要范畴，范畴就必须是先天的且不能来自经验。对康德论点的以上解释，是作为对经验要求的一种概念分析来说明的，它以20节为基础。然而，康德的论证，仿佛是在描述一个心理学的过程（正如我们后来将看到的，可能这并非康德的真正意图）。他的论证如下（参见 B143）：

1. 如果杂多的直观要构成经验，那么它们必须属于一个意识。

2. 这意味着它们必须从属于统觉的先验统一。

3. 这就要求这种杂多被知性综合。

4. 这种综合则由判断的逻辑形式或者说范畴来决定。

5. 因此，要使经验成为可能，那么杂多的直观必须从属于范畴。

简而言之，康德在先验演绎中论证了所有经验和知识必须从属于统觉的先验统一，因为若不是这样，则一个人的经验就不能属于一个单一的意识。康德还论证了，如果经验不服从于范畴，那么经验中的统一也是不可能的。因此，他得出结论，所有经验必须服从于范畴，并且先天概念是可能的。

图 式 论

即便有了上面这些，康德认识到显示范畴必不可少的工作仍没有完成。他想要使经验论者无话反驳。经验论者认为，这些范畴是与经验知识不相干的抽象物。康德的策略极其成功。首先，他论证了范畴除了在构成和使经验成为可能中起作用外毫无意义。这引出了先验观念论和下一章。其次，他揭示出每一个范畴在经验中所起的作用，并且显示它使时间的决定性成为可能。运用到时间上的范畴被称为原理。请注意，先验演绎并没有论证具体的范畴是必不可少的。而在这些原理中，康德要显示每一个范畴为何是必不可少的。

在图式论中，康德论证范畴必须被图式化或被给予一个时间化的解释，以便它们能运用到经验上。为什么如此呢？经验论者或许会认为范畴没有应用，他们会指责康德是一个隐秘的唯理论者。图式论就是要回答这些反对意见。经验论者的要旨在于：经验概念和现象是同质的，因为它们包含一种感觉因素。换句话说，一只狗朝某条路看，这是狗的概念的组成部分。然而，范畴与现象不是同质的。范畴不包含感觉成分。原因朝某条路看，不是原因概念的组成部分。图式论面临的问题是，有一种反对范畴可以运用到经验上的情形。康德在图式论中回答了这一点。

根据康德，时间是纯粹范畴和现象间的中介。因为时间是感性的先天形式，它既是先天的又是可感知的。因此康德认为，只要范畴决定了我们意识必需的时间特征，它们就可以运用到经验上。与时间相关，范畴有合法的经验运用。这就是诸原理将要表明的。

通过对概念是意象这一命题的拒斥，康德增强了他对经验论的回答。他说，图式对于一个经验概念是一个能使我们产生意象的规则，但它本身并不是意象，这一观点能使康德从经验论者说明抽象观念的问题中获得解放。

原　　理

十二个范畴形成每三个一组的四组。原理所要做的是范畴的时间化。这一节的目的是要显示每一个图式化的范畴对于经验都是必需的。它们的作用何在呢？普通的回答是，原理使客观的时空成为可能。它们使客观的和主观的时间之间的区别成为可能，从而对于经验是必要的。在这个意义上，诸原理构成时空中事物的先验观念世界。

直观的公理

它们与三个有关量的范畴——单一性、多数性、全体性相对应。相应的原理要求，所有的直观都是广延的量。为什么数学有可能运用到自然世界？这不是幸运的偶然。康德的回答是，它们是天造地设一般的。按照直观的公理，时空中的每一事物都必须服从量的范畴。康德的观点是，空间和时间的性质是广延的量，因为它们可以被增加。因此，它们能用数字表示并能被测量。单单这一原理"就能使纯粹数学以完全精确的程度运用到经验对象上"（B206）。似乎因为世界服从于康德的公理，所以它服从于数学概念的准确描述。然而，对于康德，这不是运气好的问题，这一原理是先天综合真理：它表达了世界（作为先验的理想）所必然遵从的经验的条件。这种契合是有保证的。

知觉的预测

这一原理与三个有关质的范畴（实在性、限制性和否定性）相对应，它是说："在所有现象中，作为一个感觉对象的实在都有内涵的量，这就是度。"康德在这里引入一个质的度的观念，它不是一个有关外延的量的数学概念。他指出，感觉的质以度的形式出现，即它们是连续出现的，而不是像外延的量一样是以不连续的单位跳跃着出现的。

或许，康德正在预见后来基数制和序数制的差别。序数制给出事物的排列，却不让我们测量如此排列的事物间的差别。而基数制则允许我们说 A 和 B 之间的差距是 C 和 D 之间的两倍，序数制却不行。很显然，康德的外延的量是基数制的。那么，另一看法是，他断言内涵的量是序数制的。

经验的类比

这些原理与三个关系的范畴相对应：实体与偶性、原因与结果、主动与受动的交互作用。这些类比是原理中最重要的（它们是第 4 章的论题）。这些类比指明了世界中的对象和事件结合在一起的方式。根据康德，这些结合使时空成为可能。

经验思维的公设

这些原理与三个样式的范畴相对应：必然或偶然、存在或非存在、可能或不可能。我们从存在开始。"如果某物根据类比和一些存在的知觉相联结，它就是存在的"（A225）。这表明存在并不非要被感知。遥远的星系和微小的电子没有被感知也能存在。它们能在同样统一的时空中，由某种原因被联结到一个实际的知觉上，并属于同一个世界。

鉴于存在的定义，与必然性和可能性有关的范畴就更容易达到了。通过"可能性",康德意指在因果上是可能的,它与逻辑上的可能相对。许多在逻辑上可能的事物并非在因果上是可能的。例如,设想一个人可能跃过一幢大厦,逻辑上并不矛盾,但这不是真正的或因果的可能性。在这个意义上,可能性是根据类比原理来规定的。必然性的观念也是这样的,因果上的必然性并非逻辑上的必然性。

概念式的和心理学上的

形而上学演绎和先验演绎以及诸原理所积累的结论是,范畴是经验的必要条件。然而,康德究竟是在概念上还是心理学上讲述经验的必要条件并不总是很清楚。这一点比较重要。

我们时常感到康德似乎是在试图说明我们经验的心理学。例如,当他提到综合时,似乎他是在描述一个认识过程,这个过程产生出经验。当他声称某些形式是先天的时,他似乎是在说它们在这个过程中被施加到经验上。或者,他似乎在说,范畴内在于我们人类的官能中,这暗含着经验的先天形式是人的心理组成的一部分。

有另一种(非心理学的)方式理解康德所谓的先天。我们可以认为康德试图说明任何可能经验在概念上的必要条件。在这个意义上,先天形式不是人的经验的心理条件,而是任何经验都必须服从的条件，因为这是经验本身的内在本性。第一批判的许多段落都支持对康德作更多心理学意义上的解读。然而，这种解释在两重理由上会使他的整个理论站不住脚。第一也是首要的，心理学的解读要求对先验观念论做一个强的解释，而这是与康德对客观性的分析不相容的。这些是下一章的主题。

第二，康德证明范畴是经验的必要条件，是为了显示何以先天综合真理在自然科学和数学中是可能的。这一任务的主旨在于：解释那些非分析的必然真理是如何可能的（后来在对形而上学的评价中也用到了这种解释）。然而，先天的心理学阐释是否允许我们解释这一点，这是可疑的。例如，人的心理组成的特征不能用来解释为什么世界必须由因果上相关的时空对象构成。你不能用经验去解释必然。人的心理学的观念已经预设了时空和因果的框架。它预设了它认为必须要解释的东西。

基于这些原因，我们应该尽可能努力不用心理学的语言来理解康德的主要结论，也不用掩饰他使用过这种语言。把康德理解为对关于任何经验的必要条件做概念式的断言，是更合适的。例如，当康德说时空是先天的，我们必须认为他是在说时空是任何可能经验的概念上的必要条件，而不是人的经验的心理学条件。

3

On Kant —————— **客观性与观念论**

康德可能是第一个清楚地理解客观性的本性的哲学家。在B142，他宣称，一个判断是客观的，意味着如果它为真，那么所肯定的就是如此，而不管主体的状态如何。换句话说，判断的对和错不取决于人。

对观念论的反驳有与此相似的意义，即我们必然会感知独立于我们而存在的对象。康德认为，时空中的对象世界是实在的，甚至当它们没有被感知时，对象也存在，甚至在没有人存在的情况下它们也存在。康德拒绝观念论者贝克莱的核心观点，贝克莱否认物质事物的存在。更进一步，康德也否认经验论的一个基本观点，即我们只能感知到我们自己的观念。康德反对这一观点，他认为，我们直接感知到独立于我们而存在的时空中的对象。

这些实在论的线索是康德哲学的一个重要部分，但它们似乎与他的先验观念论相冲突，根据后者，处在时空中的对象仅仅是现象。换句话说，它们不是物自身或本体。这意味着时空对象在某种意义上是理想。康德甚至称它们为"显现"（appearances）。

我们应该如何调和先验观念论与康德对时空中个体客观性的明确信念之间的矛盾呢？康德既肯定客观性的论题，又肯定先验观念论的论题：

·客观性论题：世界由时空中的对象组成，这些对象未被感知、并且独立于感知者而存在。

·先验观念论论题：由时空中的对象组成的世界在某种意义上是先验理想。

两个命题对于第一批判都是必不可少的，然而它们看起来非常不一致。只有解决这个矛盾，才能把我们正确地带到这一批判的中心，它显示出康德洞见的奇异深邃。

客 观 性

先验演绎包括一个次要的论证（B 版 17 节至 19 节）。首要论证的目标是要显示范畴对于经验是必需的。次要的论证结论是，统觉的先验统一（从而经验本身）要求客观性。换句话说，经验必须是属于客观世界的，而客观世界是由独立于我们对它们的感知而存在的事物组成的。康德认为，一个独立于我们的知觉而存在的对象观念是经验的一个必要条件。

根据康德，这种对象的观念防止我们的知识模式成为武断的（A104）。由于这个观念，经验是被规则支配的，并且有一个统一。没有这个统一，经验是不可能的。例如，我们并不感知红和热。相反，知觉有一个结构：我们在一个对象上感觉到红和热。红和热的感觉是统一在对象中的。康德称之为统觉的客观综合统一，有时又叫先验对象。

在 B 版中，康德说，当我们判断放在我们面前的红色对象是热的时，判断的客观性是由系词"是"来表达的。判断肯定对象是红的，而不管主体的状态是什么（B142）。当我们判断一个对象是圆的时，我们就判断它确实是圆的，即使从某些角度看，它似乎是椭圆的。

康德认为，客观性和统觉的先验统一是同一个统一的两个方面（A105）。二者都是经验所需要的，且都需要范畴。换句话说，自我意识的可能性要求客观性。这一点不容易掌握，让我们用以下两个步骤来解释。

1）客观性

康德已经论证了看见如同判断：看见某个东西是 P，就是判断某个东西是 P。这意味着我们判断出它真的是 P，而不仅是它似乎是 P。换句话说，感觉经验可能出错。这要求在它们看起来如何和它们实际上如何之间有一个差别。例如，圆圈从一个角度看似乎是椭圆的，但实际上它是圆的。客观性要求"似乎"与"是"的这种差别，并且被这种差别暗含着。

2）自我意识

如果我有一个经验，那么我必须能想到"我有这个经验"。为了能有这种想法，就必须在事物对我似乎是怎样的和它们实际上是怎样的之间有一个差别。换句话说，自我意识要求在事物似乎是怎样的和它们客观上是怎样的之间有一个差别。

我们不应该混淆客观性概念和本体的概念。康德对它们加以区分（参见 A253）。先验对象的概念或者客观性的概念，是所有感觉经验的一种结构的或形式的特征。它允许我们去区分事物似乎是怎样的和它们实际上是怎样的。另外，"本体"是先验观念论的一部分。它是空洞的，不涉及经验的必要条件，而是作为绝对的或是在自身中实在性的限制概念。

康德的客观性概念是哲学上的一个重要进展。客观性对于经验论是一个显而易见的问题，经验论声称所有概念必须来自感觉经验，并且我们也只能感知到我们自己的观念。按照这些经验论者的假设，独立于经验的或者与经验分离的事物概念如何能有意义是难以明白的。

康德是在经验的类比中发展了经验中需要客观性特征这一

主题的。在第二类比中，他认为，没有因果范畴，经验就不能属于一个客观世界，也就不能有统觉的先验统一，从而也就没有经验。他主张，我们自己知觉的主观时间序列和事件的客观时间序列之间的差别对于经验是必需的。

对观念论的反驳

在对观念论的反驳中，康德认为我们直接意识到独立于我们对它们的知觉而存在的外部对象。用这种方式，康德就把自己与那些主张我们只能直接意识到我们自己的观念的更早的哲学家们分开了。康德说，他已经把观念论者所做的游戏翻转了过来。观念论认为，我们自己的内在经验知识比任何我们关于外部世界的信念都更确定。康德拒绝这种假设的核心部分，他主张，如果我们直接意识到外部对象，我们就能意识到我们自己的经验。外在于我的事物的存在和知识，对于我自身经验的意识是必需的。康德试图抛弃笛卡尔的一种假设：一个唯我论者的心灵经验是与一个感知对象的心灵不可分的。康德拒绝这种我思的核心假设，即我能有关于我的观念的直接、确定的知识。

康德的论证如下：

1. 我在时间中意识到我自己的经验。
2. 知觉总是要求知觉中有某种持存的东西。
3. 这种持存的东西或者是一种知觉经验或者是非知觉的

外部对象。

4. 知觉中持存的东西不能是一种知觉经验。

5. 因此，知觉外部对象是自我意识的必要条件。

康德论证的关键是前提 2，康德的观点是说，在与持存的外部事物的框架关系中，我们才能对内在状态作出时间规定。前提 4 断言，即使一个相对持久的知觉本身也要求一个客观的时间坐标，因此它要求一个不同于它自身的持存者。换句话说，我们不能诉诸于更内在的状态来为经验或内在状态规定一个确定的时间。

凭借这一论证，康德使自己与经验论者特别是贝克莱分开。后者认为，对象仅仅是观念的聚集（参见 B142，B276 和 A820）。同时，他也拒斥了洛克和笛卡尔的观点：对象存在于知觉的面纱之后。因为他认为，我们直接意识到外部对象的存在，而不仅仅是心中的观念（B277）。

先验观念论

我们如何能调和康德关于客观性的观点和他的观念论呢？先验观念论主张时空中的对象是先验的理想。换句话说，处在时空中的事物是现象而不是本体。

这意味着什么呢？我们最好从康德之所以确信先验观念论

正确的主要原因开始。康德认识到存在关于世界的先天综合命题，并且必须对此做出解释。正如我们看到的，这一解释有两个支柱。第一，经验的必要条件。第二，世界必须服从的恰恰正是这些条件的命题。但是，为什么它必须服从呢？康德的答案是先验观念论。处在时空中的事物的世界是由现象而非本体构成。这个世界是与经验的条件相关的，即它是现象的。否则，它就不能被经验到。康德是在指出在我们的对象和实在概念中的内在条件或相对性。这暗示了这一世界不是绝对的：它并非是由与任何条件无关的自在之物组成的。或者说，这一世界不是本体性的。

对于康德，本体的概念是空洞的。经验的必要条件是起限定作用的因素。任何超出这些界限的形而上学的知识命题都是无意义的。这是因为范畴若不与可能的经验相关就没有意义。因此，离开时空中的事物，本体无法形成一个实在。有一种观念认为时空之中的事物是本体，好像它们与经验的必要条件无关，这是对事物持绝对看法，但这种观念只是一个空洞的限制性的概念。

这一理论的要点

先验观念论有两个重要的作用：
1. 它解释我们如何能先天地知道世界实际上服从于经验

的必要条件，而这对解释先天综合真理是至关重要的。

2. 它描述了知识的界限。康德主张，时空和范畴只有在与可能的经验对象即现象而非物自身的关系中才有意义。这是康德在辩证论中抨击形而上学的基础。

ⅰ）应用的问题

先验观念论被要求解释关于世界的先天综合真理是如何可能的。只引证经验的必要条件是不够的。我们还需要第二支柱：我们需要显示世界服从于这些必要条件。我们如何知道世界确实是如此服从的呢？先验观念论意味着它必须如此。康德用一个简单、彻底的步骤，使得实在的概念与经验的必要形式相关。这揭示出实在概念中的一个内在相对性或限制条件。借助于否定，这暗示了绝对实在（与这些必要形式无关）的空洞观念——物自身的概念。

经过这样的解释，先验观念论就与客观性观点相适应了。断言世界的形式取决于任何可能经验的形式，并没有使世界依赖于感知者或知觉。以下的两个说法之间有着重要差异：

A）对象的形式特征取决于任何可能经验的形式特征。

B）对象的存在取决于感知者。

A）不同于B），它并没有使对象的存在取决于感知者。

按照陈述 A），即使没有感知者，时空对象仍然存在。按照陈述 B），没有感知者，时空对象就不存在。陈述 A）与康德的客观性论点相符合，B）则不符合。A）是说，实在概念是与某些条件相关的，B）则说它与感知者相关。

于是我们可以看出康德与贝克莱之间的区别了。康德肯定（贝克莱否定）对象独立于我们的知觉而存在，而贝克莱肯定（而康德否定）我们只能感知我们自己的观念。基于这个原因，康德自称是一个经验实在论者，他认为时空对象是实在的。它们是客观实在的，因为它们的存在并不取决于我们。由于它们与经验的必要条件相关，它们又是先验的理想。

ii）设定界限

在先验演绎中（24 节），康德主张，范畴除了它们在经验中起作用外没有意义。"概念无直观则空"这种说法可以运用于范畴，因为范畴仅只是限定经验形式的规则。这一点暗含了范畴超出了这类使用就没有意义。或者说，范畴只有在运用到经验和可能经验的对象上才有意义。这意味本体的概念是空洞的。康德说，它只是"打开了一个空间，而这个空间我们既不能用可能经验也不能用纯粹知性来填补"（A289/B345）。这正是康德批评形而上学的基础。所有这一切都意味着，我们不应该把本体当作（非时空的）对象。本体不是一个超时空的不可知的对象领域。倘若那样认为，就会陷入形而上学的错误之中。

本体和现象并非两个不同的实在领域。只有一个世界，即处在时空中的事物。对此存在着两种观点：第一，通常的可能经验的观点，这是现象式的；第二，上帝眼中的或者绝对的观点，这是本体式的。后者仅仅是关于无条件者的空洞的观念。

强的解释存在的问题

自从第一批判首次出版以后，一些读者就把康德的观念论当作一个接近贝克莱的观念论的变体。按照这种对于先验观念论的强的解释，（a）实在体现为非时空的本体，并且（b）时空中的现象对象，或显现，就只是人的经验的产物或产品。我们的知识局限于现象。

（强的解释完全不同于我已从事过的更弱的或更温和的解释。强的解释声称本体是对象；温和的解释则否认这一点。强的观点肯定现象是主观观念，温和的观点否认现象是主观观念。）

这种强的解读与第一批判的两个核心目的相抵触。第一，它暗含了本体是实在的。认为实在体现为非时空的本体，这就要求我们把范畴运用于可能经验的界限以外。康德对唯理论的批判恰恰在于人不能这样做。第二，它否认了客观性的论题，如果时空中的对象仅仅是来自人的经验的产物，那么它们就不是客观的。然而，正如我们已看到的，有关时空世界所要求的客观性正是贯穿整个批判的重要主题。

要想明白强的解释是如何存在并与批判的重要部分相抵触的，那就让我们看看需要这种解释的两个模式。

i）眼镜

第一个模式是一副眼镜。透过玫瑰色的眼镜，整个世界看起来就是玫瑰色的。按照这个模式，范畴和时空是类似的，除掉无法摘下这一点，它们就像先天的眼镜。它们是镜头。我们必须透过这种先天形式的镜头看世界，从而我们所看到的世界只是现象。

基于上面提到过的两个理由，这个类比歪曲了康德。首先，它把本体当作实在的。谁戴这副眼镜？他必须是非时空的本体的人。导致我们知觉的对象是什么？它们也是本体的。其次，它把处在时空中的事物当作观念，从而否认客观性的论题。按照这个类比，什么是时空中的对象呢？只能是我们心中的观念。总之，这个类比需要强的解释。

ii）工厂

第二个模式是工厂比喻。按照这一观点，康德是要肯定人是一个从对象中接受经验直观的心理工厂。这个工厂用时空形式来塑造感觉材料。它把诸多直观联结起来，用范畴综合它们，从而形成一个有关时空世界的经验。

这种工厂的模式实际上是与一个更为精巧的眼镜类比的观点。它遇到同样的问题。它把物自体看作实在的。要明白这一点，我们不妨问：谁是完成综合的工厂？它不能是一个经验的人,因为这使康德解释先天的计划变得无意义。你不能根据人的心理过程来解释先天。既然人类是经验世界的一部分,这样做就是无意义的。我们不能用作为世界一部分的存在者的心理学来解释经验世界的先天形式。这种心理学已经预设了空间、时间和因果。换句话说,这种类比要求一个本体的工厂。这种工厂模式包含一种本体心理学,并且它暗含着先验演绎的强的观点。

沃克尔说:"现象世界是我们心灵产生的一个构造物。心灵对它们所接受的数据进行加工,并且按照支配心灵思维的原理来解释这些数据。"这种对康德的解释要求一个本体心灵的公设(因为现象界的心灵是被构造的一部分)。在这点上,它就违背了第一批判的意愿。

iii)心理学的

于是我们可以更完备地解释前面章节中的一个观点。对康德的先天的心理学解读暗含着对先验观念论的强的解释。它们将遇到解释的困难。首先,我们施加形式于世界之上的观点,使得对象的存在依赖于我们人类。因此,它使得先验观念论与客观性的论题不相容。其次,正如我们在工厂的模式中所见到的,对先天的心理学解释要求一个本体的肯定性的概念。

这意味着,要维护与客观性论题相适应的先验观念论的弱的形式,我们就必须以一种纯粹概念而不是心理学的方式来解释康德的先天概念。这也意味着,当康德以心理学的方式解释先天的时候，他就在接受先验观念论的强的观点。任何对有关经验的必要条件的命题的心理学观点，都要求先验观念论的强的观点，而这将与客观性论题不相容。

二者中的哪一个？

这些要点突显出了强的观点与温和观点的利弊。强的解释与第一批判的许多段落相符。例如，"对象只是表象"（A371）；时空是"在我们之中"，"被我们称作外部对象的仅仅是表象"（A30）。再者，康德经常把先天解释为心理学的命题，这就要求先验观念论的强的解释。

然而，也有段落支持温和的解释。例如，我们看到康德声称，本体的概念不是任何一种对象的概念，而只是一个空洞的、限制性概念（A255/7）。康德有许多对于时空对象独立于我们对它们的知觉而存在的观点，这要求时空对象不仅仅是表象。重要的意义在于，弱的解释使第一批判的主要论题更为一致。它调和了先验观念论和客观性的论题，并使这与他自己对形而上学的批评更为相符。我们可以得出结论，就我们而言，我们应该用先验观念论的温和观点来解读康德，这是更为合理和有吸引力的观点。

在 B 版的有关现象和本体的章节以及反思概念中，康德对本体的概念表现出一种矛盾的态度。他想说这样一种概念是空洞的，但同时又是可能的。他说，物自体是这样一个概念，即"它不能列入可能性，但也不能因此而声称它是不可能的"（A290/B347）。由于康德的道德观似乎要求对先验观念论的一个强的解释，因此这个问题就变得更复杂了。道德观至少要求我们能够把自己看作本体上自由的。如果本体是一个空洞的、限制性的概念，那么这样一种思想又如何能有内容呢？答案就在康德的道德理论中。

4 原因与结果

On Kant

因果关系是一个重要概念。它使我们可以解释和预测事物,并且为未被观察的事物搜集证据。然而,唯理论和经验论两者在因果关系上都存在问题。众所周知,休谟以其对唯理论因果概念的责难而陷入极端怀疑主义。康德通常被认为是对休谟的怀疑论立场作出回应,但并没有回到唯理论的立场。

唯理论的原因观念

休谟对唯理论者的原因观念的两个方面作出了反应。首先,唯理论者认为结果是原因所必然给予的,一旦完全确定的原因被给出，结果就一定要发生。人们会说：在这里，原因已经包含了结果。唯理论者倾向于以逻辑蕴涵的方式思考因果关系：前提一旦被给予，结论势必会得出。第二，唯理论者坚持充足理由律，即每一事物都必有一何以如此而非其他的充足的原因。

休谟之叉

休谟的怀疑论责难是建立在休谟之叉基础上的。根据休谟之叉，任何判断，或者是关于事实的判断，或者是关于观念间关系的判断。今天我们会说，任何有意义的句子或者是经验的（在感觉观察基础上），或者是分析的（在定义基础上）。休谟之叉显然表明，任何判断的正当性必须是或者基于定义的推理，或者基于接受印象的感觉经验。

休谟对因果关系的责难就是在三个层面上运用此叉。第一，因果关系的范围。休谟认为关于"任何事物都有一原因"的主张是无法证明的。它既不能通过观察被经验地证明，因为无人可观察所有事物；也不能通过理性被证明，因为该主张不是一个分析的真理。"任何事物都有一原因"不能同"任何结果都有一原因"相混淆。后者是一先天真理，因为它是分析的，或者说通过定义而真。前者则不然。这样，休谟得出结论：唯理论者的充足理由律不能被证明。

第二，因果关系的本质。我们假定了因果关系涉及事物之间必然联系的观念。休谟认为，这种必然联系的观念是不具正当性的。它不能被经验地证明：此种必然联系的印象并不存在，我们所知觉到的只是前后相随的事物，而知觉不到它们之间的关系。因此，休谟认为，这种观念的正当性不能借助于我们的感觉印象来证明。它也不能通过理性被证明，因为任何两个事物在逻辑上是各自独立的，它们之间并无逻辑联系而是彼此分离的。

第三，运用因果关系进行推理。我们运用因果关系进行归纳推理。我们看到在过去 A 总是为 B 所伴随，便断定下一个 A 也将有 B 伴随。休谟认为，这种归纳推理方式之正当性永远不可能被证明。仅仅因为迄今为止太阳每天都升起，并不必然意味着它明天也会升起。他的这种归纳怀疑论之首要理由在于认为，归纳推理预设了自然在将来会以同样方式继续下去。它假定自然是齐一的。这种假定不具正当性，它不能通过经验归纳被证明。我们不能说因为自然在过去一直是齐一的，它在将来也会继续保持齐一。这只是回避问题的实质。

康德的三叉戟

休谟之叉的实质在于它仅提供了两种选择：命题或者是先天

的和分析的，或者是综合的和经验的。任何事物必有一原因的主张不符合这两者中任何一种，休谟和康德在这点上是一致的。但是，康德反对休谟之叉，因为康德认为因果主张乃是一先天综合真理。因此他反对休谟关于因果关系不具正当性的观点。

在第二类比中，康德支持这种结论，即认为原因范畴是经验的必要条件。同时，他对经验论者的一个基本假设提出挑战：如果概念不是来自经验，它就不具正当性。如果康德能够表明因果联系的观念是经验的一个必要的结构特征，那么，它就具有正当性，即使它并非从感觉经验中得来。它不是来自感性知觉，恰恰因为它是经验之必需。

对第二类比的论证，理解之困难是众所周知的。但是，记住所有范畴都起着一种双重作用是有帮助的：其一，它们为意识提供了必要的统一；其二，它们赋予我们经验以客观性特征。对康德而言，这只是这种统一的两个方面，这种统一对经验来说是必要的。因果性也起着这种双重的作用。

更具体地说，在类比中，范畴的这种双重作用意味着我们必须能够对我们经验的主观时间序列与事物的客观序列作出区分。我们需要把知觉的连续同连续的知觉区别开来，这种区别是经验的需要。这是类比论证的第一步。

第二步，需要范畴来使得上述区分成为可能，因为空间和时间自身不能被知觉到。我们不能通过这种方式来作出客观时间规定，即以事物与时间自身的关系来为事物计时。因为我们不能知觉时间自身。我们只能知觉到时间中的变化。

在第二类比的具体情形中,我们发现了这两步以及第三步的明确阐述。

——第一步:我们需要把知觉的主观连续同客观连续的知觉区别开来。这是经验的需要。

——第二步:我们所有的知觉都是连续的。是经验的何种特性使得我们把彼此连续的主观知觉看作并不连续的对象的知觉?例如,我们先看见房屋的顶部,然后看见它的底部。这些知觉是彼此共存的房屋的各个不同部分的知觉。它们不是关于诸多事物的知觉。经验的何种特性使得我们把事物列入一个客观的时间次序?康德的回答是,我们的知觉缺乏或者拥有对次序冷淡的特征。当我看见房屋共存的不同部分时,只要我愿意,我的经验可以让我以相反的次序排列,也就是说,它们拥有对次序冷淡的特征。当我观察一个客观的变化,比如顺流之舟的运动,我的知觉就缺乏这种对次序冷淡的特征,这时如果次序不同,我的知觉就无法形成。康德认为,客观变化的概念取决于对我们知觉的必然次序这个观念的运用。

——第三步:康德断定,我们知觉的次序是必然的,这意味着对象中的种种相应变化是因果地被决定了的。

由此,康德的论证可列出如下:

1. 知觉的主观序列与事物的客观序列之间的区分是任何经验的必要条件。

2. 这种区分只能在与知觉的必然次序相关中得以经验地作出。

3. 如果我们关于变化的知觉的次序是必然的，那么变化自身的次序就是被因果地决定了的。

4. 所以，因果关系是任何经验的必要条件。

从这个结论我们可以推出，所有事物只要在这个特别的前提即世界必须服从于经验的必要条件（即先验观念论）下，它们的产生都是有原因的。任何事物如果没有原因就不能被经验到。因而事物必有一原因。在上述的证明中，前提1是先验演绎的一个结论。康德为前提2所做的阐明是，仅凭时间自身或者我们知觉的次序都不足以做出所需的区分。

康德所主张的是，客观时间通过因果关系得以可能。事件1在事件2之前发生。我们不能认为那种客观的规定与绝对时间相关。康德的想法是，原因使那种规定成为可能，因为原因不可能在其结果之后发生。事件1在事件2之前，当且仅当或者事件1是引起事件2的原因，或者事件1与事件2的原因同时（同时性是第三类比中的话题）。原因—结果使在前—在后成为可能。时间的方向乃是基于因果关系不可逆和不对称的本质得以可能。由于科学哲学家汉斯·莱辛巴赫，康德的这种解释在20世纪非常有名。这种解释成为当代因果时间学说的先驱。因果时间学说旨在通过因果性而无需预设时间概念来明确说明时间关系的物理基础。

康德对休谟的回答

在前面,我们看到休谟关于原因的怀疑论有三个维度:首先,他认为"所有事物都有一原因"无法证明;其次,关于事物之间必然联系的观点也是没有道理的;最后,归纳法不能被证明。康德的第二类比直接处理的是第一个维度。现在我们有必要考虑其他两个。

必然联系

设想我们在一个感受不到重力和空气阻力的外部空间。一块质量为 3 千克的砖头,以 2 米/秒^2 的加速度,朝向 10 米之外的窗户飞去。窗户可以产生 2 牛顿的阻力。窗户会破吗?如果没有其他相关因素的影响,看来我们会断定说"是的"。我们可以把这个推论列为一个简单的三段论:

1. 质量为 3 千克、加速度为 2 米/秒^2 的物体飞向 10 米外的窗户。
2. 窗户的阻力为 2 牛顿。
3. 力等于质量乘加速度。
4. 没有其他相关因素影响。
5. 因此,运动物体具有的力大于阻挡物体的阻力。

窗户破了。通过这个例子,我们可以看到,一个对原因的完整的相关描述，加上相关因果法则的具体化，再加上声明没有其他相关因素的影响（或者说是一个封闭的系统），将在逻辑上使对结果的描述成为必要。基于这种必要性，唯理论者认为结果已经被包含在原因之中，因为原因一旦给出，结果就不得不发生。

休谟对事物之间必然联系的观念予以驳斥，认为，首先，没有这种必然联系的感觉印象。其次，事物各自独立发生。因此，给出一个，另一个必然发生没有逻辑的必然性。休谟用恒常联结重新定义了原因，用单纯的习惯取代了必然联系的观念。A 是 B 的原因，仅仅当 B 经常发生于 A 之后（不可能存在 A 使 B 发生的观念）。

对康德而言，一个原因概念乃是一个变化概念，这个变化是依据规律或法则发生的。它是为规律所支配的事物的序列。这也使得康德对因果关系本质的看法同休谟相比更接近于唯理论者，因此康德能够把因果关系同仅仅是习惯区别开来。星期日报纸比平时大，这些报纸出来几小时后，牧师开始布道。这是一个习惯，但不是因果联系。康德认为，这是因为这两个事件不是由一个因果法则连结。然而，当你抛出一个球，它就会下落，这就不仅仅是一个习惯，而且是一个因果的序列：这两个事件为重力法则所联结。

然而，在因果关系上，尽管他与休谟存在距离，康德也不是一个唯理论者。康德坚持具体的因果法则必须在经验中发现，即使我们能够知道那个先天原则,即所有事物的确都有一原因。但是,唯理论者却把具体的因果法则当作必然的真理,它们可以通过演绎推理从充足理由律中得出。与之相对,康德并不认为特殊的因果法则能够从第二类比中直接推论出来。特殊的因果法则并非经验的必要条件。这些都是清楚的。不太清楚或者说更困难的是康德关于因果法则的地位的最后立场。对这一问题的讨论,我们必须推迟到关于科学一章。

归纳

对休谟的归纳问题,康德作何解决?那么,首先,休谟的问题是什么?休谟指出我们关于将来的信念是基于对过去观察到的恒常联结的归纳。在过去 A 总是为 B 所伴随,故当我们看到 A 时就期待 B 的发生。但是,休谟认为这种归纳推论不具备合理的正当性。针对这个基本的结论,休谟认为,归纳推理假定了自然的进程保持齐一。它恰恰预设了将来会与过去一样。休谟认为这种预设是没有道理的。我们没有理由相信自然的进程是齐一的,相信它在将来会继续同过去一样。休谟的论证是:

1. 如果我们关于将来的信念可被证明为正当的,那么关于自然的进程会保持齐一的假设就能合理地被证明为正当。
2. 这种假设不能合理地被证明为正当。

3. 因此，我们关于将来的信念不是正当的。

休谟为前提 2 所作的论证可以按休谟之叉来看待：信念的正当性只能被感觉证据或者演绎推理所证明。自然齐一性的原则不能通过这两种方式中的任何一种得以证明，它不是建立在过去观察的基础上（迄今为止，将来一直与过去相似，因而它在将来也会这样）。这种论证预设了原则本身，故不能用以证明。它也不是建立在理性的基础上：齐一性原则的演绎根据并不存在，因为这要求该原则是一个分析真理，但它不是。由于这个原则既不能通过演绎推理也不能由过去的经验得以确立，休谟的结论是，我们没有理由相信该原则是真的。因此，归纳的正当性不能被证明。

康德并没有通过主张自然齐一性原则是经验的必要条件来回答休谟。第二类比仅仅告诉我们任何事物必有一原因，它既没有说具体的因果法则是什么，也没有说它们在将来会保持一致。长话短说，康德在归纳问题上对休谟可作如下回答。几个类比构成了任何事物必须服从的原则，支配特定变化的物理法则能够从这些基本原则中推导出来，但需要给出所需的经验材料如关于物质的存在和性质。根据这种解释，物理法则不是经验的先天综合必要条件，但它们也不是经验的个别归纳概括。它们处于中间的地位，既有经验的也有先天的要素。

在此基础上，我们可以对休谟的归纳怀疑论作一个康德式的回答。因为因果法则远不止是经验的个别概括，自然的进程将会保持齐一。自然必须以类似法则的方式行事，因此归纳推理有时也会起作用。当归纳推理遵循因果规律性时，它们就能使我们成功地预见事物的发生。尽管如此，我们还需要对世界作经验考察，以便找出那些因果规律，因为因果法则有一经验的因素。关于这一点的更多内容将在第六章讨论。

第 一 类 比

我们可以设想两种变化。第一种变化，事物自身保持着但其性质发生了改变。例如，树叶改变颜色，树木长高。第二种变化，新事物产生，旧事物消亡。在第一类比中，康德力图证明在所有变化中实体是永恒的。他认为所有表面上看来是第二种类型的变化实际上也是第一种类型。换言之，所有变化都是实体性质的变更。第二种类型的变化毫无例外地也属于第一种类型，因为不存在实体的绝对创造或毁灭。所以，实体的总量不会变。

第一类比类似于物质守恒定律。但是它又不完全等同于物质守恒定律，因为康德并不认为实体就是物质。这些定律与物理学中的先天部分之间的关系将在第六章中解释。

康德认为，第一类比的原则是一个先天综合真理。它不是分析的，因为它给予我们的内容是关于世界的。它不是经验的，因为它是必然的真理。康德对这个结论的论证与对第二类比的论证相似。第一部分包含着同样的步骤。

第一，经验需要主观的与客观的之间的区分（事物如何对我呈现的与它们实际是怎样的）。这种区分是意识的统一性的要求。它意味着，在原则上，我们必须能够把我们知觉的主观时间序列同事物的客观序列区别开来。我们的知觉不断地在变化，但其中一些知觉表象了世界中的实际变化，而其他知觉则没有。

第二，关于变化何时发生的客观判断不能通过与绝对时间相联系来作出。牛顿的绝对时间不是一个可能经验的对象（参见第五章和第六章）。我们不能依靠它，把它作为一个固定的绝对坐标系或坐标轴来为事物计时，即使只是用一种模糊的方式。

第三，这意味着经验必须有某种永恒的方面，通过与它相联系，我们能够对事物的客观时间作出判断。这当然就是实体。因而，实体范畴是经验的必要条件。由此，康德的论证可以列为如下：

1. 经验需要我们能够在经验之内区分主观的与客观的时间序列。
2. 这种区分不能通过与绝对时间相联系来作出。
3. 这种区分只能通过与永恒实体的概念相联系来作出。
4. 因而，永恒实体的概念是经验的必要条件。

此外，根据先验观念论，现象界的所有事物都必须服从该范畴，因为如果不服从，它们就不能成为可能经验的对象。据此，加上前提4，第一类比可从如下得出：

4. 永恒实体的概念是经验的必要条件。

5. 现象界的所有事物都必须服从经验的必要条件。

6. 因而，所有事物都服从永恒实体原则。

这里，关键的前提是第二个和第三个。斯特劳森和其他一些人问：为什么我们要接受第三个前提？也许一个相对恒久的对象的背景可以取代永恒实体的概念。在这种情形下，第三个前提是错误的。这就是斯特劳森以及其他人对康德的反驳。

这种批评在两个方面误解了康德。首先，康德并没有主张这个认识论上的观点：我们需要自然的时钟或规律性背景来确定事物的时间。康德所关注的是客观时间规定的意义。其次，我们不能假定存在一个相对恒久对象的背景，因为经验世界的本质正是问题之所在。否则，便是在预设先验观念论。

康德论证的思路更像是这样的：经验必须围绕永恒实体概念来建构，因为经验必须是客观事物的经验。但事物的时间客观性需要一个坐标系或坐标轴来予以确定。然而，这个坐标系或坐标轴不能是时间自身，因为那样就预设了一个关于时间的绝对概念。在经验中起着这种作用的就是永恒实体概念。既然它是经验的必要条件，并且世界中所有变化都必须服从那些必要条件，那么所有的变化都只是在实体中的变更。

康德为绝对永恒还作了一个论证。在A186，他说，创造新的实体将使时间的统一不可能，意即永恒实体代表了时间统一性。"时间统一性"意味着在任一时间发生的事物与其他可能的事物有一确定的时间关系。如果新的实体能被创造出来，那么时间的统一将不可能，且将存在两个互不相关的时间序列。但若无时间的统一性，经验的统一性就不会存在。

1. 如果经验服从先验统觉的统一性，那么必须只存在一个时间序列。

2. 如果实体能被创造或被毁灭，那么将存在不只一个时间序列。

3. 因此，如果经验服从统觉的先验统一性，那么就不会有能被创造或被毁灭的新的实体存在。

所有变化都必须被视为永恒实体的变更。没有变化能被认作是实体的创造或毁灭，因为实体中数量的变化将会破坏时间的统一性。换言之，实体中数量变化的概念在经验中得不到应用，因此在这个意义上，世界是一个封闭的系统。

第 三 类 比

在这个类比中，康德主张对象之间必须因果地相互作用，以便彼此在空间中共存。我们已经看到，康德认为自然界的统一与意识的必要统一是相对应的。自然界的统一要求时空的统一，如果空间或时间的一部分与其他任一部分没有一个确定的空间的或时间的关系，时空就不会具有统一性。在第三类比中，康德认为既然时空不能被知觉到，它们的统一必须通过其内容的统一来获知。换言之，时空的统一必须通过对象间的因果相互作用来表现。

康德在第三类比中力图表明，那些与其他对象没有因果关联的对象不能被认为具有明确的时间规定。这些对象不能与其他对象属于同一个时间序列。一个不相关的对象不可能与其他对象同时存在，因为它不是单一时间序列的一部分。康德在此的思想不难理解。看见遥远的星球爆炸，我们能知道它何时发生，只是因为我们能够知道，这个星球是如何处于它与地球上其他对象之间以及与我们的知觉之间的因果关系中的。正是仅仅因为这个星球与其他对象之间因果地相互作用，所以我们能够给它一个明确的时间规定。

5 空间与时间

On Kant

在我们的说明中,我们向前跳跃,遗漏了康德先验感性论部分对时空的论述。既然批判的两大支柱现在更加清楚了,让我们回到感性论。我们记得,康德需要解释先天综合真理是如何可能的。他是这样来解释的,即通过阐明经验服从一定的必要条件,或先天形式,并且自然界也必须服从同样那些条件。由此,毫不奇怪,感性论的主要主张是:

1. 时空是先验的理想。
2. 时空是经验的先天形式。
3. 数学判断是先天综合真理。

康德的想法是,因为 3 是真的,所以 1 和 2 也是真的。这些只是感性论讨论的主题的一部分。康德还阐明了空间和时间是直观。

作为先天的空间

康德主张时空是感性或者直观的先天形式。我们关于对象的经验必须是在空间中和在时间中的。据此及先验观念论，对象必须处于时空之中。在形而上学的阐明中，他为空间的先天本质给出了两个论证。首先，他认为空间不是一个从经验中得来的经验概念。我们不能从对相邻对象的经验中抽象出空间的观念，因为要把这些对象表象为相邻的，需要一个空间的观念，因此，空间是先天的。其次，康德认为我们可以想象一个无对象的空间，但无法想象一个不占空间的对象。由此，他的结论是空间是先天的，并为我们对外部对象的知觉所预设。空间在逻辑上先于存在于其中的对象。

康德关于空间是先天的或者说是经验的必要条件的主张，还有另外两个论证。第一个是出自几何学的论证，这个论证我们将在下面作考察。第二个可以被称为出自客观性的论证。经验必须具有客观性特征，因为这是统觉先验统一性的必要条件。因此，感觉经验必须是关于对象的经验。此外，对象必须是在时空之中的，这是它们同一性的要求。想象由两个分子组成的部分，使它们成为不同的两个的，是它们不能在同一时间占有同一空间。对象的同一性和个别性都需要它们的时空性。康德在"理性的歧义"（amphiboly）中批评莱布尼茨时表明了这些观点。如果经验必须是关于对象的经验且对象必须是空间中的对象，那么空间就是经验的必要条件。

几何学的论证

康德认为，几何学包含了关于空间的先天综合真理。例如，对比如下陈述：

（1）三角形有三边。

（2）三角形三内角之和为180度。

两个陈述都是必然真理，且是先天的。但是，（1）是分析的，而根据康德的观点，（2）是综合的。内角和必须等于180度并不是三角形的定义的一部分。在欧几里得空间中，我们只能推论，三角形具有这种性质。因此，陈述（2）告诉我们关于空间的某种特性。它是一个给予我们关于世界的知识的先天判断。

在关于空间的先验阐明中，康德认为关于几何学的先天综合真理的唯一可能解释是他自己的理论。我们关于对象的知觉必须是空间的，并且所有对象必须服从这种空间的要求，因为这正是经验如何被安排的次序。他说，空间不是物自身的性质：空间是先验的观念，因为不然便无法解释我们如何具有关于它的先天知识。

非欧几何学

非欧几何学的发展表明几何学不以先天综合判断为主。非欧几何描述弯曲的空间。例如，球面是一个弯曲的二维空间。在欧氏几何中，第五公理指出平行线永不相交，非欧几何则否定了这一点。非欧几何的历史发展并没有反对康德的理论，康德否认欧氏几何是分析的，这意味着非欧几何在逻辑上是可能的。问题在于，康德认为空间为欧氏的乃是先天的真理，而事实上，空间为非欧氏的是一经验的真理。爱因斯坦的广义相对论预言：物质质量会引起空间弯曲。当天文学家在日蚀期间测量恒星的确切位置时，这一理论得到证实。爱因斯坦的理论曾预言，太阳周围的空间将会由于太阳的巨大质量发生轻微弯曲，而且相应地，天体的位置也会稍有不同。这样，空间的实际形状成为一个经验的问题。这对康德关于几何学是先天综合的主张是一个严重的挑战。

这些最近的发展明显表明，休谟的两头叉比康德的三叉戟更为正确。换言之，康德所认为的先天综合真理体系实际上或者是一系列分析真理，或者是一系列经验的主张。一方面，分析的几何学是由一些形式化的系统构成的，这些系统用不同的地形学模拟空间。这是先天的和分析的。另一方面，对描述物理空间的最佳模式的探索是经验的，空间物理学由综合的和经验的真理所构成。这两者（分析几何学与空间物理学）都不包含先天综合命题。因此，康德是错误的。

可为康德作两点回应。首先，虽然物理空间的形状是一个经验的问题，这并不能证明完全不存在关于空间的先天综合命题，或许有一些其他的先天综合命题。康德当然那么认为，因为他主张直观的公理是先天综合的，时空中的一切事物都必须服从于数量范畴，空间必然是可测量的。在康德看来，这些主张不是分析的或经验的。时空应当具有这些普遍特性，并不是分析真理。它不是通过定义而真。它也不是一个经验的真理，因为空间不得不如此这样来保证数学之于空间的可应用性。康德得出关于时空的定理是先天综合真理的结论。因此，虽然康德视为先天综合的一些主张被证明是经验的，但这并不是对不存在关于时空的先天综合真理的结论性论证。

其次，几何学能被形式化并不意味着它必须由分析命题构成。康德认为存在的命题不是分析的，纯粹逻辑不能向我们表明什么是存在的。（这一原则构成了他反对关于上帝存在的本体论证明的一部分；他认为"上帝存在"不是一个分析的陈述。）但是，几何学的定理包含了存在的命题，例如，"有至少两个点存在"，"如果 L 是一条直线，那么存在一个不在 L 上的点"。某些系统，比如几何学，集合论和算术包含了关于什么存在的存在命题（如"有一个空集"），不管它们能否被形式化，这些存在命题不可能是分析的。康德会说，这些命题是先天综合的。

作为直观的空间和时间

莱布尼茨与牛顿关于时空的观点有着根本的不同，这些争论体现在莱布尼茨写给克拉克的信中。牛顿把时空设想为绝对的、无限的整体，空间中任何区域都是这个不受限制的无限的整体的一部分。时间也是一样。它们是绝对的：它们独立于事物且先于其中的事物存在。这种观点有多种含义，例如，根据牛顿的理论，设想一个有限的物质世界能在绝对空间中处于不同的位置是有意义的。一个有限的物质世界能够处于它实际所在位置左边的 10 米之外。这也适用于时间，特别是，根据绝对时间，世界可比它实际或早或迟被创造出来。绝对运动是关于绝对空间在一段绝对时间中的运动。因此，对牛顿的理论来说，设想整个有限的物质世界在绝对空间中移动是有意义的。

莱布尼茨反驳了这种绝对的时空概念。对他而言，空间不是一个在逻辑上先于物体且独立于物体的容器，他认为物质的存在在逻辑上先于空间的存在：物理对象或物理力量碰巧以空间的方式排列，而空间若超出或高于这些空间的关系将一无所是，它仅仅是一个关系的系统。莱布尼茨认为时空可以还原为事物之间的时空关系，除此关系之外，时空一无所是。

关于时空的这种关系的观点有几点后果。首先，表明世界可以在不同的位置被创造并且可以变换在空间中的位置是无意义的。对莱布尼茨来说，不存在绝对空间，物体位置的变换只能与另一物体相关，它不能相对于绝对空间变换位置。对他而言，空间不能超出于物体间的空间关系，因而说所有物体都可以处于不同的位置是毫无意义的。这同样适用于时间：据此关系理论，设想世界能或早或迟被创造是无意义的，因为时间不超出于事物之间的时间关系。不存在绝对时间，事物创造之前绝无时间。因为他否定了绝对时空，莱布尼茨也驳斥了绝对运动的观念。对莱布尼茨的理论而言，决不能将像运动这类事物置于不动的绝对空间的背景之上，任何物体的运动必须与其他物体的运动相关。

莱布尼茨通过声称牛顿的观点违背了充足理由律来为这种关系理论辩护。他说，上帝没有理由在不同的空间区域或不同的时间阶段来创造世界。因为任何事物都必须有一充足的理由，所以，世界能够早些或在空间中其他地方被创造这种说法就很难理解。这些方式绝非真正的选择，而是与绝对理论的主张相反的。

康德既不同意绝对时空也不同意关系时空的看法。他在莱布尼茨和牛顿之间找到自己的立场。一方面，康德肯定了时空自身是直观而非概念。在这种主张下，他否定了它们是关系。他确定时空是唯一的、无限的个别，所有空间都是整个空间的部分，时间同样如此。据此，康德的立场看似接近牛顿。

[这就是康德通过主张时空自身是直观所表达的意思，通常康德使用"直观"一词来代表感性的能力，以之与知性的能

力相对应。但是,他也用"直观"一词来意指感性结果(与"概念"相对)。当康德宣称时空是直观时,他是在这种意义上使用这个词,他的意思是,它们是个别或者特殊。]

在感性论中,康德为表明空间是个别或直观而不是概念或关系作了两点论证。首先,他认为只存在一个空间,不同的空间只是整体的不同部分,因而,不同的空间不能被比作一个一般概念的若干实例。因此,空间不是一个概念而是直观。在《未来形而上学导论》中,康德为反对莱布尼茨的关系理论还作了一点论证,即被称作出自不和谐对应的论证。根据这个论证,用关系理论不能解释左手所持物与右手所持物(比如手套或旋转细小物)之间的区别。

一方面,如我们所见,康德反对莱布尼茨关于空间的关系论;另一方面,他也从两个方面驳斥了牛顿的绝对论。首先,在几个类比中,康德认为绝对的时空不能被知觉到,人们不可能测量或想象置于绝对时空背景下的变化或运动。变化需要以其他物体为衬托,这是几个类比论证中不可或缺的前提。时空需要一个物理基础,而这个基础可由在世界中起作用的范畴提供。其次,牛顿理论把时空视为先验的实在。根据康德,所有可能经验的对象必须在时空中。因此,时空自身不是可能经验的对象。并且,时空是无限的,由此,它们不是可能经验的对象。这样,把它们当作绝对的实体就是把它们视为先验的实在。与此相反,根据康德,时空是自然界的先验观念性特征而不是其本体的特征。

康德在感性论中关于时空是直观的主张，应当与他在原理分析中关于时空的主张相比较。时空的一般特性比如它们的统一性和可度量性，是通过各种范畴得以可能的，忽视范畴的这种作用会导致把时空当作已给定特性的绝对实体，这样就将陷入接受牛顿的时空理论的错误。就此而言，原理分析是对感性论的一个补充。

时　　间

康德认为时间是感性的先天形式，并且是先验的理想。康德关于时间的观念与他的空间理论相似，除了有两点不同。第一，他说空间是外直观的先天形式，而时间则是内直观的形式。就我们的意识而言，当意识指向我们自己内在的经验时，我们就觉察到一个时间的系列。当意识指向外部事物时，它就必定是一个空间的系列。换言之，经验自身必定是在时间之中的，但对象必定既是在空间又是在时间之中的。

康德所说明的时间与空间的第二个区别是：几何学是关于空间的先天科学，而在感性论中，是否存在与之平行的关于时间的先天科学，这一点并不清楚。康德的确声称存在关于时间的先天综合真理，比如它是一维的和可度量的，但对时间来说似乎不存在与几何学平行的科学。然而，在《批判》后面的一些原文中，有证据表明康德把算术当作建立于时间基础上的先天综合系统。

算术

根据康德，算术命题如"7＋5＝12"是先天综合的。大多数人会认为它们是分析的，康德坚持它们不是。康德会以如下方式来说明这个问题：是"7＋5"的定义或含义的一部分要求它必须等于12吗？他说，我们不能从七的概念与五的概念相加中逻辑地推出它等于十二。他说用大的数目更能明显地说明这类命题不是分析的。换言之，康德坚持不是"7＋5"的含义或者定义的一部分要求它等于1728的立方根。

也许，我们可以用现代哲学对意义与指称的区分来使康德的洞见更加清楚一点。词项"金星"和"晨星"都指称同一事物，但它们却有不同的意义或含义。具有相同指称的两个词项并不必然具有相同的意义或含义。康德可能认为"7＋5"与"12"没有相同的意义，因此，陈述"7＋5＝12"不是分析的。而且，他或许认为这两个词项必然具有相同的指称，因此，该陈述是先天的。

作为对我们关于几何学的讨论的回应，经验论者会坚持康德是错误的，因为算术是分析的。这种论证想要表明所有算术都可以还原为集合论逻辑。为此，需要所有关于数的命题可以被还原为关于自然数的命题。此外，我们用集合定义零以及数学连续性观念。这两个概念被规定后，我们就能规定任何自然数，因为任何自然数或者是零，或者是零的连续。关键的定义是：

——零是以空集为唯一元素的集合。

——任何数字 n 的下一个数字是排除接近属于 n 的元素的所有集合的集合。

这样，所有自然数就可以产生，算术可还原为集合论的逻辑。

这种反对康德的论证不是确定无疑的，其问题在于它假定了集合论的公理和定理都是分析的。我们在讨论几何学时看到，康德认为存在的命题不能是分析的。集合论和皮亚诺的算术公理包含了那些明显是关于存在的命题，例如，皮亚诺的公理假定了数字零的存在并由假定推及其他数的存在。在集合论中，我们假设了空集（无任何元素的集合）的存在并用它来定义数字零，从那一个集合出发，我们可以建构对自然数予以定义的所有其他集合。问题就在于，这些公理对什么必须存在作了一个先天的假设，康德则坚持它们必须是综合的。

解释的问题

我们应该简单提一下几个关于感性论的问题。

工厂模式[①]

在感性论中,康德看起来在假设一个关于认识的工厂模式。粗略而言,该模式是说物自身直接作用于感性,产生以时空方式排列的经验直观的杂多,然后依照范畴,通过知性作用,产生出时空对象的经验。康德在感性论中把这种材料处理的模式提了出来。

前面已提到过他的模式的一些问题,让我们简要地回到这些要点。首先,在批判中,一个非常重要的目标是解释经验世界如何具有一定的先天特征,而工厂模式的问题是它明显不能实现这个目标。经验世界的先天特征不能通过现象存在者的心理学来解释。这是因为此类存在者已然是经验世界的一部分并且服从于时空,人的存在已经预设了时空以及范畴,因而,人类的心理学不能用来解释关于经验世界的先天综合真理如何可能。我们属于所要解释的一部分。在时间中的存在者不能创造时间。

[①] 主编注:工厂模式指工厂生产标准件产品的流程,这里比喻康德对感性直观材料如何产生认识的解释。

所以，工厂模式需要本体。据此，康德在描述一个本体存在的认识过程。例如，时空是感性直观能力的先天形式——谁是有此能力的主体？根据现在的解释，我们应回答"本体自身"。然而，这个回答违反了批判的另一重要主张——本体的不可知性。更糟糕的是，在这种解释下，他是在超出可能经验的领域运用范畴。批判的主要目标是表明，超出可能经验的界限，我们不能有意义地使用对象的概念。（在第三章我们曾谈及另一个问题：即工厂模式的本体观念使现象界依赖于我们，因此与康德关于对象是客观的主张相矛盾。）

结论：工厂模式与批判的一些主要主张相冲突。但这不能是否定康德提出此模式的理由，因为他确实肯定了它。然而，这些问题可以成为寻求其他方式来理解他的途径。

经验直观

经验直观，有时被称作感性直观的杂多，是一个有疑问的概念，它需要被谨慎对待。此概念的大多数定义求助于工厂模式：感性直观是直接认知的能力，它表象质料或知识的原始材料，通过知性加工处理为知识；经验直观是需要加工的原始的感觉材料。此类解释看来需要工厂模式内在的本体主义。

关于这个概念有一个不同的问题。直观无概念则盲。这意味着它们不是经验的可能对象，因为它们不服从于统觉的先验统一性。直观无概念甚至不是直接认知的对象，因为它们不服从意识需要的统一性。康德驳斥了经验论者感觉——材料经验的观点。因此我们不应把经验直观看作感觉材料。有一个可以避免这些问题的简单选择，它就是把经验直观的杂多当作任何经验的一部分或一方面，任何经验必须由一直观的或特殊的要素以及一概念的或一般的要素共同组成，但是，这两种要素不能从经验自身中分离出来。

6

On Kant ——————— 科学：非绝对的客观性

从1755年至1770年,康德负担了大量的不同的教学工作。他每周讲授20—30个课时和门类各异的课程如地质学、天文学、自然史、人类学、力学、理论物理学以及数学的一些不同分支学科。在这个早期阶段,康德对自然科学有着浓厚的兴趣。1747年,在他23岁时,他就撰写了一篇题为《论对动力的正确评价》的论文,讨论运动中物体的力是等于mv(如笛卡尔主张)还是mv^2(如莱布尼茨主张)。他的博士论文则是写关于火的。他还写了关于风、潮汐、地球的年龄、地震,以及其他科学题材的几篇论文。1755年,他匿名出版了《自然通史和天体理论》一书。为了说明太阳系的起源,康德提出了他的星云假说。他相信，物质是通过重力吸引而形成太阳系的。他写道："创造从未完成；它仍在继续。"他被认为是第一个提出夜晚我们所见的一些亮光是出自星系或巨大星团的人，因而早于拉普拉斯。

本章是我们在对第一批判的考察中的一个简要插入。我们有必要理解康德关于科学的成熟观点，这就涉及仔细解读《自然科学的形而上学基础》（1786年，简写作MFNS），并进一步探究《判断力批判》（1790年）。在MFNS中，康德提出了一个与第一批判中的图式论相似的论证，在图式论中，范畴通过被运用到时间中产生原则。区别在于，在MFNS中，原则被质料化来产生最一般的物理法则（即中介概念不是时间而是物质）。《纯粹理性批判》给出了我们任何经验的先天形式条件。条件一旦给出，世界必须与这些条件相关，这解释了关于世界的纯粹先天综合真理如何存在。但是，批判并不意在给出物理学理论。例如，第一类比表明实体不能被增多或减少，然而，我们不应就此假定这种实体即是物质。根据康德，世界由什么构成是一个经验的问题，这个问题必须通过实验来解决，而不是通过先天的推理。同样，第二类比的结论是任何事物必有一原因，但它并没有告诉我们是哪些特殊的因果法则在世界中起作用。那是一个经验的问题。

然而，康德认为物理学有一先天的要素。他并非由此意指物理学最抽象的原则是经验的必要条件，而是指物理学有一构造的框架，因此，它不完全是经验的。康德称这个先天的因素为"一般自然科学"。更明确地说，物理学是对物质的研究。什么是物质？康德把它定义为在空间中可移动的东西。然而，这种抽象的定义是不够的，康德有必要说明物质概念是如何能适用于我们经验的自然界的。我们可以说，康德在为这个概念寻求一个可操作的定义。因为，一方面，物质不能以牛顿的绝对空间的方式来定义，这种方式对物质是什么没有提供一个经验的有用标准；另一方面，康德必须避免休谟和贝克莱那样的工具主义的方法，他们完全否认物理学描述客观物理实在。对康德而言，物理学不仅仅是预测我们感性方式的复杂工具，它描述实在。因此，康德需要表明，在不使其绝对化的情况下，物质概念如何是客观的。

如此看来，康德的目标是表明物理学描述客观世界是如何可能的。他通过确定物质概念适用的必要条件——即那些需要保证它对于可能经验的对象的适用性的条件来完成。当然，康德考察的物理学大致上是牛顿的物理学。但是，康德并非试图通过表明它的法则对经验是必要的来证明牛顿的物理学，相反，绝非是问题的解决，牛顿反而属于问题的一部分。由于牛顿物理学束缚于绝对空间概念，他把物理学同起作用的经验基础分离开来，从而为休谟和贝克莱的怀疑论打开了方便之门。康德的补救是表明物质概念怎样无须求助于绝对空间就找到其适用，在这个意义上，康德旨在表明物理学描述客观世界是如何可能的。这项工作并未减损科学的经验特性。自然的法则可能是先天的，但不是在它们是经验的必要条件的意义上，也不是在否认需要经验地考察它们的任何意义上。自然的最普遍的法则是物质的客观适用的条件。

显示康德计划特征的一个比较正统的方式如下：在第一批判中，他需要将范畴时间化以表现它们与经验相关及对经验所起的作用。结果，范畴被转化为如我们所见到的使得客观的时空成为可能的一些原则。这是它们在经验中的作用。《自然科学的形而上学基础》关心物质的同样进程。他旨在表明，原则在被质料化时为物理学的客观性确定了必要条件。

因此，《自然科学的形而上学基础》就建立起来了，书中的四章与四组范畴和原则相对应。这些对应可如下列出：

范畴	原则	MFNS
1. 量	直观的公理	运动学
2. 质	知觉的预测	动力学
3. 关系	经验的类比	机械学
4. 模态	思维的公准	现象学

运 动 学

对康德而言，物质的基本性质是运动。在第一批判中，直观的公理用来保证对象可用数学方式描述，因为它们的时空性质是能彼此相加的可延扩的量。在 MFNS 中，康德也想对物体的运动做到这一点。速度可以相加。因此，运动可以体现为量而可用数学方式描述，并且可在空间中表述出来——速度为线而物体为点。

在 MFNS 的第一章，康德为他反对牛顿的绝对空间概念的论证给出了一个新的看法。在批判中，康德认为时空是统一的。不可能存在两个互不相干的空间。空间的任一区域与其他任一区域是相关联的（这意味着对象可从一个区域移动到另一区域），这两个区域可以为一个更大的空间区域所包容。然而，这个包容的过程并不意味着我们可以假定一个无所不包的、无限的空间的实在性。康德认为，这种作为一个绝对的、无限的整体空间观念是一种理想，是一个调节性的观念，但不是一个可能经验的对象。绝对空间的概念在经验中没有可能的运用。因此，绝对运动的概念也同样没有。

动力学：不可入性

在"动力学的形而上学基础"中，康德解释了关于物质概念的运用的进一步要求。关于物质是在空间中可移动的东西的主张也要求它占有空间，这就涉及物质的不可入性。物质即是空的空间与其中有物的空间的区别,这看来好像是十分显而易见的,但这只是因为我们并没有回顾有关的历史背景的缘故。许多牛顿之前的唯理论哲学家,如笛卡尔和莱布尼茨,认为空的空间是不可能的。首先,要说,什么是空的空间?当然是虚无。但是,说它是虚无等于说它不存在。其次,对笛卡尔而言,空间只不过是广延,而广延是所有物质的根本性质。空的空间不可能,是因为作为实体的一个性质,无法离开实体而存在。

看来肯定真空的可能性是唯一接受牛顿观点的方式,这种观点认为空间是一个无限的绝对的对象。由于康德认为所有对象必须在空间中存在,把空间自身视为一个对象就是不对的,因此,我们如何既否认笛卡尔而又不采取牛顿的观点?我们不能使物质性的实体与空间相等,因为,正如我们所见,这导致了真空的不可能性。而且,看来物质不仅仅具有空间特性,具有这些特性的物质必定存在某种其他的性质。

因此,康德以产生力的能力来定义物质。物体抵抗企图占据它所在空间的任何他物,它是不可入的,因而,两个物体不可能在同一时间占据同一空间。但是,康德拒斥了把绝对不可入性视为物质的根本特性的观点。他认为这种观念与牛顿绝对空的空间一样会违反如下原则,即它是一个空洞的概念,因为它不是我们可以在经验中遇到的东西。相反,康德认为物质的不可入性应被解释为斥力。

康德在动力学的形而上学基础中的主要主张是，引力和斥力的观念使物质的一般概念成为可能。引力和斥力使之成为可能，是因为它们需要为不可入性概念奠定基础，而不可入性自身不能成为根本的或绝对的。

机械学：物质与质量

在第三章，即力学的形而上学基础中，康德解释了运动力和物质的量或质量的概念。他以加速度和力来定义物质的量，康德再次关注物质概念的前提条件，认为这些前提条件是力学的三个法则给予的。这些法则与康德的类比及牛顿的定律相似，但这些法则与这二者并不相同。它们在二者之间处于中间的地位，是物质作为质量概念的可适用性的必要条件，只有在这种意义上它们才是先天的。这样，康德力图对它作出证明。

1）守恒法则：在有形自然的所有变化中，物质的量保持不变。

2）惯性法则：任何物质变化有一外在原因（物体速度将会继续保持不变，除非它们受到外力的影响）。

"外在"一词排除了内在原因或引起变化的现存力量。所有变化必须有一原因，该原因能被数学化地表现，并且变化服从物质守恒法则。根据康德，以上这一原则也排除了惯性力的观念——即运动将会自身消耗直至停止的观念。根据以上法则，外在原因或力量只是引起速度变化（加速或减速）的需要。

3）作用与反作用相等的原则：在所有的运动交互作用中，作用力与反作用力始终相等。

康德以动量（运动的数量）定义质量。我们应如何定义物质的数量？或许能以密度和体积来规定，但我们不能求助于惯性或绝对不可入性的概念（因为它们没有适用性）来定义密度。可能的选择是，用运动的数量（即作为加速物体需要的力的功能）来规定质量。

这些观点是十分重要的。康德已把物质定义为在空间中运动的东西，然而，这个定义自身并没有给予我们一个经验的可操作的物质概念，它并没有表明物质如何是一个经验的对象或者实在的事物。为达到这一点，康德需要表明物质的概念能够有其经验的适用性而无须预设牛顿的绝对空间概念。康德现在解决了这个问题，他没有求助于绝对空间而对物质的相关特征作出了规定。他在没有否定物质的实在性的情况下，通过用速度的变化来规定力和质量，确认了运动的相对性。

现 象 学

在物理学的先天框架内详细说明了力的概念的作用之后，

康德现在可以更清楚地解释运动的相对性这个问题。牛顿的第一运动定律表明，物体在不受外力的作用下将继续保持匀速直线运动，力必然引起加速度和减速度。那么，我们就不能用力的概念来区分绝对运动与相对运动？康德通过区分真的运动与绝对运动对此问题作了否定的回答。在两个物体中，我们可以通过测量力来确定哪一个真的是在运动中，但是，这并不意味着正在作加速度的物体是在与绝对空间相关的绝对运动之中。

因 果 法 则

有关力学的这些解释，有助于缓冲康德关于因果法则地位的思想中的张力。根据第二类比的标准解释，由哪些特殊的因果法则统治世上的事物，完全是一个经验的问题，我们可以先天地知道存在这些法则，但不知道它们是哪些。《判断力批判》的导论明显地强化了这种观点，康德说，世界的因果法则是否能为我们所理解是一个偶然的问题，判断需要我们假定自然的因果法则能被系统化为一个可为我们理解的统一的整体。然而，康德说，这并不意味着自然自身会服从于判断的假定。看来，康德似乎再次在肯定自然法则完全是偶然的。

但是，这种关于因果法则的正式观点，并不与康德所说的意味着因果法则不只是经验概括的那些其他事物完全适合。正如我们所见,在《自然科学的形而上学基础》中可找到一个更好的选择,它就是在纯粹先天与严格经验之间存在的中间的立场。据此,这些法则不是纯粹先天的,因为它们有一经验的因素(即物质概念)且它们不是经验的必要条件。像牛顿的几个定律只是相对先天的,比如,我们可以先天地知道物质守恒定律,只要我们知道经验的真理"物质存在"。重要的一点是,如果自然的普遍法则是相对的和不纯粹的先天综合,那么,它们就不是偶然的经验真理。

据此观点,《判断力批判》不应被认为主张因果法则是经验的个别概括,而是主张,因果法则是否为我们所理解是偶然的,这种理解是通过如科学那样的方式统一为一个知识的系统整体。这种主张与法则自身是必然和普遍的真理的观念是相容的。回到归纳问题上:根据这种解释,自然的齐一性,即作为归纳预设的将来会与过去相似的主张,可被保证为一个相对的、不纯粹的先天综合真理。但是,《判断力批判》中的观点是,即使自然是规则的和齐一的,即使众多 B 始终伴随众多 A 出现,这也不能保证我们可以把握这些规则,即在众多 B 与众多 A 之间起作用的法则。规则是一个不同于理解的问题。

对康德科学观的这种简要介绍,对强调康德对牛顿的拒斥是很重要的。这导致他去为核心的物理概念寻求更具操作性的定义。这种观念在现代物理学中是非常重要的,为同时性寻求一个可操作的定义的需要,是爱因斯坦在狭义相对论中的一个关键因素。这种介绍对引入纯粹先天的与经验的之间的中间主张也是十分重要的,以后我们会看到,这种观念(相对的和不纯粹的先天综合)对康德的伦理学很重要。现在我们回到《纯粹理性批判》。

7 理性批判

On Kant

《纯粹理性批判》的前半部分解释了关于世界的先天知识是如何可能的。由此，我们就有了与经验论相对的关于经验的理论，并且，我们还获得了成为康德对唯理论批评的基础的那些原则。康德已经确立了这一点，即拥有超出可能经验的范围的知识是不可能的，因为超出那个范围，范畴就无意义：概念无直观则空。在辩证论中，康德表明了思辨形而上学是如何在这个原则上陷入困境的。唯理论者（比如笛卡尔、斯宾诺莎和莱布尼茨）主张有关于灵魂、上帝和世界的先天知识。他们力图超出可能经验的限制运用范畴。

这可以用另一种方式来表示：先天综合真理在科学和数学中是可能的，因为它们明确表达了经验世界和先验观念世界的必要条件。形而上学先天综合真理的不可能是因为它们没有这么做。康德表明了理性的理念不能满足这两个条件中的任何一个。

但是，辩证论不只是对唯理论的驳斥，它是一个理性自身的批判。理性是推论的能力。在辩证论中，理性解答了，即便在已表明形而上学的任务的不可能之后，为什么它在形而上学中会卷入纷争。换言之，康德给出了一个诊断来揭示为什么理性会陷入这种错误。简言之，理性寻求对任何事物作出完全的解释。因此，它追求无条件者——无条件者不依赖任何别的条件。希望世界应该服从于这个无条件者的要求是错误的。这个要求是不可能的，因为无条件者不是一个可能经验的对象。因而，在现象界中没有事物能够满足这一要求。这样，纯粹理性的理念就跨越了感觉的限制。依据康德，这就产生了一个幻相，即便在它已被揭示之后，它仍继续欺骗我们，因为这个幻相是理性不可避免的产物。

为了抵消幻相的作用，康德描述了理性的基本理论功能。理性寻求一个完全的解释并没有错，错误在于它假定了世界中有什么事物能符合这种寻求。我们宁可把理性的理念看作引导我们的探询的原则，错误在于假定这些指导性的原则是经验构成性的且为我们提供关于世界的先天知识。

谬 误 推 理

笛卡尔力图证明单一的、非物质的实体即灵魂存在。他的前提是"我思"。康德反对这一点,认为"我思"只是意识的形式统一,它是经验的必要条件,因而不能指明任何对象或自身,被任何经验所预设的东西不能成为经验的对象。笛卡尔误把经验的形式特征作为对灵魂实体的察知。

统觉的先验统一性不能成为经验的对象,因为任一经验必须服从于这种统一性。在此,康德同意休谟关于不存在"我"的印象的观点。但是,依照康德,寻找"我"是无意义的,因为探寻必须通过"我"来完成,故而所要找的东西已经被预设了,它不是一个可在经验中找到的事项。因此,笛卡尔错误地把"经验的统一性当作统一的经验"。

谬误推理是为理性心理学做的错误论证。它们有四个。第一个肯定"我"是一实体。从定义来看,实体是谓词的主词,而不是任何其他主词的谓词。我不是一个谓词。因而,我是实体。康德说,这个论证依赖于一个空洞的实体概念。实体概念只能有意义地运用于可能经验的对象。"我思"不是可能经验的对象,因此,在上述论证中,实体的观念就是被误用,因为它缺乏经验的内容。这样,说我是实体就是做了一个无内容的空洞陈述,装作是深刻见解,欺骗我们。因为"我是实体"的陈述是无内容的,我们不能用它来证明灵魂之不朽,也不能用它来区分自我与物质。

第二个谬误推理主张灵魂是单一的。单一的活动不能被认为是一个复合的活动。灵魂适合这个要求。例如，身体不是单一的，因为身体的运动可被认作它的各部分的运动的结合。与之相对，人的思维不能被认为是复合思想的结合，因为一个人的思想必须从属于唯一的意识，故此，灵魂是单一的。康德基于意识的先验统一性没有指明一个对象，因此，并未指称单一性，从而驳斥了这个论证。康德认为，笛卡尔把意识的统一性同更宽泛的单一的灵魂观念混淆起来，意识的统一性是经验的必要条件而它自身不能成为一个对象，但单一性的观念仅在可能经验的对象的运用中才有意义，因此，灵魂是单一的观点是空洞的和无意义的。所以，笛卡尔不能运用这个主张来建立他的身心二元论。

第三个谬误推理主张，人能通过时间意识到他的数量的同一性。灵魂就是这类事物。康德回答说，灵魂通过时间意识到它的数量同一性的主张仅仅表达了意识的必要统一。意识的这种统一不是一个对象。因此，对康德而言，主体通过时间达到数量同一性的主张是空洞的。事实上，在 A363，康德说，即使存在灵魂实体，也不能保证人不是由他所经验过的所有那些灵魂构成的，即不能保证一个人只有一个灵魂。在此，关键的是，同一的灵魂观念不能起作用，因为不像时空对象的观念那样，它不包含关于同一的标准，我们的经验可能内在于 2000

个灵魂，但经验仍然是我的，因为它服从统觉的先验统一性。

总之，在谬误推理中，康德的论证基础是，理性心理学家夸大了"我思"，产生了它并不能得出的结论。康德认为：

1. 意识的统一性或"我"不是一个可能经验的对象。
2. 范畴只有在可能经验的对象的运用中才有意义。
3. 因此，我们不能将范畴运用到"我"上。

这样，把我当成单一的、数量同一的、非物质的实体是无意义的。因此，康德力图排除笛卡尔式的假设，即"我"与一个精神实体有一种纯粹内在的关联。

康德并不否认我有关于我自身的经验知识。我可以有关于我自己的身体的知识，但这就像我们能有任何外在对象的普遍的知识一样。我还可以拥有通过反省或内知觉获得经验的知识，但这也是经验的而非先天的知识。

二 律 背 反

二律背反由正题和反题构成，反题是与正题明显相矛盾的却为同样有效的论据支持的命题。为正题和反题两者所作的论证都假设了理性的一种观点。当我们接受了这种理性的观点，就会发现自己陷入二律背反之中，拥有同等的理由认可正题及其对立面。

在康德看来，这表明我们必须拒斥二律背反双方都依赖的这种理性的观点。康德认为这种理性的观点导致先验实在论，而一旦我们接受了先验观念论，二律背反就得以解决。因此，康德力图揭示思辨形而上学为何如此诱惑人，并力图发现它的错误。通过揭示形而上学包含一个矛盾，他力图超越那种认为形而上学空洞的主张。在此过程中，他提供了一个先验观念论的间接证据。

康德提出了四个二律背反：

1. 正题：世界在时间上有一起始且在空间上有限。

反题：世界在时间上没有起始且在空间上无限。

2. 正题：除了单一的东西或由单一的东西组成的复合物别无他物。

反题：不存在单一的东西。

3. 正题：事物既有自然因果，也有自由。

反题：只有自然因果。

4. 正题：世界有一绝对必然存在。

反题：世界内外无绝对必然存在。

第一个二律背反

正题主张世界在空间和时间上都是有限的。就空间和时间二者而言，论证建立在完全无限性是不可能的命题的基础上。

因此，世界必定是有限的。

反题认为世界在空间和时间上必定是无限地延展。针对时空的两种情形，论证都是建立在一个有限的世界是无法解释的命题的基础上的。在时间上：世界有一开始是不可能的。在最初的事物之前，不存在任何东西，这就无法解释世界为何正好在它开始时开始。这样，世界不可能有一开始而必定在时间上是无限的。同样，在空间上：如果是有限的，它就将被周围的空的空间所限制，但空的空间完全是虚无，因此不存在限制世界的东西。所以，它必定在空间上是无限的。

康德用无条件者来对这些论证作解释。这个无条件者不需要进一步的说明。理性要求无条件者存在，因为如果有条件者已给出，那么无条件者也被给出。换言之，理性要求对事物完全而穷尽的解释，因此它预设了某种不需要解释的东西的存在即无条件者。

现在说明第一个二律背反的论证层次。无条件者必须存在。无条件者或者是作为有限的整体的世界，或者是作为无限的整体的世界。正题认为无条件者不能是一个无限的整体，因此它必定是有限的整体。反题认为无条件者不能是一个有限的整体，因此它必定是无限的。这样，二律背反就产生了。

对二律背反的解决在于否定为正题和反题两者都拥有的论证前提。这个前提是理性作出的假设，即必定有与无条件者这个观念相对应的某物存在（B501）。一旦我们拒斥了理性的这一断言即无条件者应当存在，二律背反就会烟消云散。理性的这个错误观点可以代之以如下观点，即把理性看作是给我们设定某种不确定的任务，而不是把其要求强加于世界。理性设立指导，而不是作出关于什么存在的主张。

康德说，无条件者不可能被经验到（B511）。根据先验观念论，处在时空之中的世界是现象的，且由可能经验的对象构成。理性关于无条件者必须存在的要求暗含了先验实在论，一旦我们拒斥了先验实在论而代之以先验观念论，我们就能明白理性的要求不可能得到满足。理性主张无条件者存在并且无条件者既属于作为整体的无限事物系列，也属于作为整体的有限的事物系列。康德认为整体事物系列（无论有限还是无限）的观念是空洞的，不存在这些词语可以适用的可能经验，比如，经验中不存在起始者，因而，整体有限事物系列的观念没有可能的运用。同样地，没有可能的经验来使我们正当地使用"作为整体的无限事物系列"这样的词。在 A483，康德认为经验只能使我们在相对意义上使用"整体"一词，至于作为整体的事物系列，我们使用"整体"一词并无相对意义。这种使用在经验中没有适应性，因而是空洞的。用斯特劳森的话说："我们不能把无穷的探索任务当作是探索无穷的任务。"

第二个二律背反

第二个二律背反的问题和解决基本上与第一个相似。正题主张单一的东西（或不可分的原子）存在。一个复合物是聚合而成的，如果构成复合物的每一物也是聚合而成，如此以至无穷，这是不可能的。因而，必定存在不可分的单一的东西。反题主张由单一构成的复合物的不可能性，因为复合物的每一部分都占据空间，而空间是无限可分的。任何占据空间的事物是无限可分的，因而不能由单一的东西构成。

两种论证都假定了无条件者的存在。正题认为无条件者是单一原子，因为一个完全的无限是不可能的。反题认为无条件者在于无限可分；因为单一的东西是不可能的。康德对第二个二律背反的解决是拒斥无条件者，即空间中物质被给定为或者是有限可分的整体，或者是无限可分的整体的假设。空间中物质可分的不确定，给我们提出了一个无穷的探索任务。再说一次，这个无穷的探索任务不应混同为探索无穷的任务。

自由

第三个二律背反的反题断定只存在自然的因果关系。正题则肯定自然的因果关系与自由的因果关系同时存在。为解决这个二律背反，康德必须调和决定论与自由的观念之间的关系。

每一事物都有一原因这个原则是经验的必要条件，因此，康德认为，每一现象界事物都为其现象的或自然的原因所决定。但是，康德也主张我们可以把自己的行为视为自由的。他认为这是道德的一个前提条件。

康德对这个二律背反的解决是，我们可以用两种方式看待我们自身及行动：首先，作为被因果决定的现象；其次，作为不属于时空界的本体。换言之，行为可被视作其自然原因所决定的一个自然物；或者，它可被视作由一种本体存在所意欲的东西。因为我们可以以两种方式看待自身及行为，所以决定论与自由的观念能够被调和，第三个二律背反从而可以得到解决。

依照康德，道德命令适用于这样的理性存在者。而道德命令仅适用于自由的行为者，因此，作为理性存在者，我们必须是自由的行为者，反之亦然。这一点导致康德把理性与自由意志等同。自由意志不能服从于时间的条件，所有时间中的事物都是被因果决定了的，因此，考虑到我们自身作为理性存在者易于接受道德命令，我们必须把自己当作本体。

康德对自由与决定论的调和有一些众所周知的问题。首先，需要一次澄清。康德不是主张某些现象界事物有一本体的原因。如前面所见，如果可能，我们应避免把康德当作本体论的二元论，现象与本体不是两类事物，本体的原因不是现象的原因的添附，毋宁说它们是看待同一事物的两种方式。

其次，有鉴于此，我们如何能知道哪些自然事物应被视为有一自由和本体的原因？康德断定关于本体的知识是不可能的，这意味着我们不能说出哪些事物能被视为有一本体的原因而哪些则不能，因此，我们不可能知道在什么情况下是属于道德责任问题还是不属于道德责任问题。

再次，要求必须把我们自身看作本体意味着什么？康德谨慎地主张，我们只能思想或认为自身作为本体，而否定我们能知道自身是如此的。但是，如果本体的概念是空洞的，受限制的概念，那么关于我们自身是本体的思想必定也是一个空洞的思想。一个空洞的思想如何能成为一个思想？康德会如此回答：关于我们是本体的自由存在的思想是空洞的，乃是出自理论的观点，它在道德实践中获得一种不同的意义。

最后，康德必须把理性当作非时间性的。否则，我们就不能作为理性存在者而自由。然而，我们也必须以时间的方式看待理性，比如，当对世界之事物进行推理时，要理解非时间性的理性能力如何能够就时间中的物质进行推理是非常困难的。一种根本非时间性的能力如何能够容纳其内容本质上是时间性的思想？

一些结论

辩证论第三部分关心理性的理念：上帝。在解释上帝观念的本质之后，康德批评了唯理论者企图证明上帝的存在。由于他对传统神学的批评有必要与他自己的观点比较，这些又依赖于他的道德哲学，因此我们将把这个论题推至第十章。

康德在批判中的主要目标是给出一个有根据的非经验论者的论证来反对唯理论，因此超越了这两个传统。对科学和数学最为重要的判断是先天综合的，因此其正当性既不能通过分析也不能通过经验观察得以证明。它们的正当性需要两个条件：经验的必然结构和先验观念论，即主张世界必须符合该结构。真正说来，先天综合判断的意义依赖于这两个条件。传统形而上学的主张显然既不是分析的也不是经验的，不能满足这两个条件。因此产生了科学与形而上学的区别。形而上学的不可能不是因为没有休谟之叉的两股，而是因为它缺乏康德三叉戟的第三股。

一切并未了结，因为还有其他类型的判断是潜在地先天综合的，例如，关于道德的那些判断，这些判断如何能得以正当化和被解释？我们现在迈入康德思想的第二个房间：道德。这将分为三个部分：第一部分，关于道德的本质；第二部分，政治学；第三部分，宗教。

8

On Kant ———— 道德命令

休谟认为道德建立在同情感上面。休谟思想的总的要旨是，我们的一些基本信念不能被证明是正当的。对原因、对象、自我这些观念作出这种怀疑的结论之后，休谟给出了一个关于这些信念的自然主义的解释。休谟认为哲学家夸大了我们天性中推理和认知的方面，而他的自然主义的解释则更多地基于人性的情感方面。他的道德学说的形式非常简单。应当判断（ought judgment）不能证明为是正当的，但是我们可以用同情感来解释它们。

这种观点是有问题的，比如，假定我没有同情感，依照休谟的看法，这似乎暗示着我没有义务去避免伤害你。如果道德是建立在同情感之上的，那无同情感的人就没有道德义务。此外，如果道德是这样建立起来的，那么声称"我应当具有更多的同情感"是毫无意义的。

康德发现了类似休谟这种观点的问题所在（康德非常熟悉哈奇逊的思想，而哈奇逊的观点与休谟很相似）。与他们相反，康德区分了假言命令与绝对命令，一个假言命令是以一个欲求为条件的，它采取如下的形式：

〇　　　如果你想要 X，那么你就应当去做 Y。

康德认为道德不能只是假言命令，因为我们可以用放弃欲求来逃避以欲求为条件的道德要求。他认为道德给我们提出了无法逃避的要求，比如，不能伤害他人。假言命令只是达到某种目的的特殊手段，如果我们不需要那种目的，那么我们就不需要那种手段，我们就可以逃避假言命令了。我们不能通过这种方法来逃避绝对命令。道德关涉到目的。

康德声称道德是无法逃避的，他的意思并不是说人们实际上愿意去做他们应当要做的，而是说人们不能逃避他们应当要做的。鉴于这个原因，康德认为道德的本质在于绝对命令，它采取无条件的形式：

〇　　　你应当做 Y。

道德的这种绝对性强调它不依赖于个人的利害与幸福。有些人试图揭示讲求道德属于我们个人利害，他们并没有理解什么是道德。道德并不依赖于个人利害。

康德道德哲学的主要目的是解释和证明道德这种无法逃避的约束性，阐释绝对命令是如何可能的。康德在他的《道德形而上学基础》（1785年）一书中做的就是这项工作。绝对命令不是从经验中来的，不是经验的东西，因此，如果它不是假象的话，它必定是先天的。他说："绝对命令要求先验演绎，因为它们是实践理性的先天综合判断。"

在《道德形而上学基础》前言中，康德说："义务的基础不要在人性之中或人所处的环境中去找寻，它就先天地坐落在纯粹理性的概念之中。"他认为要解释和阐明绝对命令，就必须把道德的先天要素分离出来。这并不意味着人性与人所处的环境对道德而言是不重要的，但是经验的因素不能解释道德的无法逃避性。康德在他稍后的著作《道德形而上学》（1797年）中讨论了道德在人类生活中的应用。道德的应用依赖于各种经验因素，并且主要依赖于人的天性。目前他考虑的首要问题是道德的先天形式，去解释它的无法逃避性。

回　　答

"道德的无法逃避性是如何可能的？"康德的回答是：道德的绝对要求内在于具有自由意志的人之中，这是自由选择行动的能力，康德称之为实践理性。道德内在于实践理性的形式之中，这就是我们为什么不能逃避道德的要求。它适用于具有自由意志的所有人。

在《道德形而上学基础》第一章中，康德试图说明绝对命令已经是我们日常道德的一部分了。他认识到，指明这一点并不是要代替他在这本书后面部分所要做的先验论证。康德认为普遍的道德的基础是意志，意志的本质是自由地肇始一种行为。在这个意义上，意志超越了自然的因果链条，可以与上帝的创造活动相比：它创造了一种新的东西。在康德看来，要说一种行为在道德上是正当的，就要描述引起这种行为的创始性或源发性的动力。只有这种源发性活动或这种行为的意志活动在道德上才可以称作是善的。成就善良意志的，是意志所愿望的东西的内在价值，而不在于结果是什么。用一个类比，是源发性动力的性质而不是后来那些发生在因果链条上的东西，成就了善良意志。康德把意志活动的这种特点或内容称为意志的主观准则。

康德认为一种行为的道德价值并不依赖于它的影响或结果。在某种程度上，这是因为意志从定义来说就是在我们控制之下的；而行为的结果则依赖于我们控制范围之外的因素。是这种源发性的原因，而不是后来的结果，决定行为正当还是不正当，所以康德道德理论关涉到我们行为的动机。一种道德上正当的行为必须是出于道德上正当的动机。康德举了个杂货店老板的例子来说明。如果这个老板不对顾客索价过高是因为这是应该做的正当行为，那么他的行为就具有道德价值。如果是出于一种精明的私利，那么同样的这一行为就没有道德价值。康德并不是说仅仅出于获利的动机而索价低在道德上是不正当的。确切地说，这种行为在道德上不是善的。大量的行为从道德的角度看既不是善的也不是坏的，它们在道德上是中立的（比如像喝橘子汁）。

康德用一个善良意志必须出于职责而行动这句话表达了这样的观点：一种道德上正当的行为必须是出于道德上正当的动机。碰巧符合职责的行为不同于那些真正由职责感引发的行为。不过，"职责"这个术语容易误导我们，因为人们会把它当作另外一个有权威的人强加于我们之上的。但康德的意思与此恰恰相反，因为在康德看来，自由是道德的本质。

康德的另一个重要思想是把职责与自然的倾向或欲望对立起来，这使得康德的观点更具有清教徒式的意味。康德认为一种出于职责的行为，由善良意志发起的行为，不能出于欲望或自然的倾向。但是，康德并不认为出于欲望的行为在道德上是坏的，相反，它们与道德无关。而且，康德并不认为只是拥有欲望就会削弱行为的道德价值。

"职责"对康德来说，就是"出于对道德律尊重而行动的强制性"。一种行为要是道德的，我们就必须这样做，因为它是正当的行为，或者它是出于对道德价值的尊重。换言之，人行为的主观准则必须与道德律或绝对命令一致。

我们把康德的伦理学观点与后来密尔发展起来的功利主义作一下对比。对于功利主义来说，道德的核心是增加幸福，正当的行为比别的行为更能促进幸福。这种观点有三个重要的特点：首先，我们行为与道德直接相关的特点是行为的影响或结果；其次，幸福只是一种内在的或非工具性的善；再者，道德要求我们不偏不倚地看待我们的行为。康德只能同意第三点。对康德而言，幸福确是一种内在的价值，但是还有其他的东西，比如自律和正义。更重要的是，康德否认行为因其是达到善的结果的手段就是正当的。行为的正当性依赖于意志。

总之，康德的道德哲学以三种方式围绕着自由意志。第一，我们处于无法逃避的道德义务或绝对命令之下，因为这内在于"我们是自由的"之中；第二，道德的本质在于我们的意志活动要遵照道德的要求；第三，正如我们将要看到的，这种要求在于我们尊重个人自由。换言之，道德适用于我们，是因为我们有意志，道德指引我们的意志去尊重这种意志。这种意志是道德正当的前提、承载者、接受者。它是道德正当性的前提、接受者，就因为它是道德的承载者或主体，这是因为我们想要道德在要求和给予两方面都适用于我们。

绝对命令的表述形式

在对绝对命令进行先验论证之前，康德想说明一下它是什么。他给出了四种表述方式，这四种方式应该是一个基本原则的不同阐释，他认为后面的表述可以从第一种表述中推导出来。绝对命令描述的是一个纯粹的理性存在者是怎样行为的。而对于某个理性存在者，比如，我们人类，这是一种命令或一种应当，它规定我们如何行为。尽管这些绝对命令表达方式表现了所有道德判断的强制性形式，但是它们并没有给出道德行为的必要和充分的条件（绝对命令需要道德的内容来补充）。

普遍法则

这样行动，使你行为的准则同时必须成为普遍的法则。这一表述的根据何在？绝对命令不能去规定基于任何特殊经验目的的行为，因为如果那样，它就会变成一个假言命令。因此，在第一种表述中，绝对命令所推举的唯一目的是普遍的法则，绝对命令的唯一条件是法则自身的普遍本质。我们可以这样说：理性首先推举的唯一的东西是理性自身。

这个非常抽象的原则意味着什么？第一，法则是与个别相对的一般，道德法则不能只关涉到某个人，而是恰恰相反。这意味着那种基于我和我自己的特殊性不能成为道德的一部分。第二，它排除了不一致的意志活动。我不能让别人不对我说谎，而我却对别人撒谎。我不能在平等对待所有人的情况下有例外，这在逻辑上是矛盾的。

两种没有一致性的意志活动通过这种方法被排除在外，第一，准则严格说来是不能被普遍化的，当它们被普遍化时，它们变得不可能了，用康德自己的例子，如下的准则是不可能被普遍化的：我要借钱，但是不想还。如果所有人都应用这种准则，那么借贷制度就垮掉了，在这种情况下，就不会有人借钱给别人。这种准则产生了完善的职责——一个人不可以在任何情况下都这样行为。第二，一些准则当被普遍化时，严格说来，并不是自我矛盾的，但是它们与一个有理性的人所意愿的自然目的不一致。比如，个人才智的发展。这样的准则就产生出了不完善的职责——一般说来，一个人应该这样行为。完善的职责与不完善的职责的区分是很重要的，因为在《道德形而上学》中，康德用来区分法则与德行。

对个人的尊重

你的行动，要把人性，不管是你自身的还是他人的，在任何时候都同时看作是目的，永远不能只是看作手段。其中心意思是我们必须尊重个人，不能把个人当成实现某种目的的工具，比如操纵别人来达到目的。在某种意义上，这就是说要尊重这样的事实：个人作为具有自由意志的存在者不能被剥夺选择的权利。这也意味着个人有不完善的职责去帮助别人。

康德认为绝对命令的这种表述是从第一种表述中得来的，因为意志必须由一个目的决定，这个目的必须是对所有人都有效的，因此不是基于任何欲望的。唯一的选择是这个目的必须是理性本质自身。而且，理性的本质并不仅仅是个手段，因为手段只是为了目的而存在的，而目的仅仅是为了指引理性存在者而存在的。鉴于理性的本质就是目的自身，那么就很容易得出绝对命令下面这种表述。

自律

这样行动：你的意志可以同时看作通过准则而普遍立法。这种表述与第一种类似。但是有不同侧重点：它把人当作立法者或作为一个自律者。在康德看来，第三种表述是从第二种而来的。第二种表述设定了理性的本质就是目的自身，但是，什么是理性的本质？一般认为就是自由行为的能力。依据康德的观点，自由意志就是依照自身制定的法则行事的能力，而不是依照外在的因素。就这种意义说，意志是自律的（与他律相对）。

因此，当我们认为存在者有理性的时候，我们就把他或她看作立法者。把这种观点与绝对命令的第一种表述（它着重于普遍性）联系起来，你就会得到第三种表述：把你自己的意志看成普遍立法。

目的王国

依照这样的准则行事：一个遵守这样准则的成员为了可能的目的王国而立法。这种表述的意思就是说，每一个人类共同体中的成员必须把他或她的准则用来普遍立法，而这些法则也是用来规定其他所有成员的行为的。只有这样，在一个理性存在者的共同体中，每个成员才能互相当作是目的。康德用"王国"这个概念来指通过普遍的法则建立起来的人类的联合体，作为这个王国的成员既要遵守这些法则同时也是立法者。一个目的王国是一个理想。这是一个人类的共同体，其中每一个成员的行为都是自律，并且不能侵犯他人的自律。每一个成员对他自身和对所有人而言都是一个人，这种理想在康德的政治理论中起了重要作用。

论　　证

我们把康德在《道德形而上学基础》中的整个论证表述如下：

论证 A

1. 如果我们是拥有自由意志的存在者，那么绝对命令就毫无例外地适用于我们；
2. 我们是拥有自由意志的存在者；
3. 因此，绝对命令就毫无例外地适用于我们。

这个论证表明存在一个绝对命令，并且它不是一个假言命令，它昭示我们：我们有无法逃避的义务去做有道德的事，而不管我们的欲望与目的如何。

康德对第一个前提的论证分三步，我们用如下的论证 B 来表述。第一步是自由意志的存在者必定也具有实践理性。对康德而言，"实践理性"就意味着我们的行为是以理性为指导的。如果我们的行为不能被我们进行选择时所依据的原则或理性所激发或控制，那么我们就是不自由的。我们的行为就不能被称为自由的行为（见如下前提 1）。

第二，我们能被理性推动，这就暗示了我们是理性的存在者，反过来说，我们能依照绝对命令行动。康德说："意志是一种属于有理性的存在者的因果性。"（K446，见如下的前提 2）这就意味着，如果我们是理性的存在者，那么绝对命令就是可能的（见如下前提 3）。

第三，最后一步是要说明，如果绝对命令是可能的，那么它就是有约束力的。通过定义，一个绝对命令就适用于这样的理性存在者了。因此，绝对命令不能设定任何经验的目的，经验的目的只会产生假言命令，绝对命令所推举的唯一的目的就是理性自身。

论证 B

1. 如果我们是拥有自由意志的存在者，那么我们就具有实践理性。

2. 如果我们有实践理性，那么我们就是理性存在者。

3. 如果我们是理性存在者，那么绝对命令对于我们来说就是可能的。

4. 如果绝对命令对于我们来说是可能，那么它就会毫无例外地适用于我们。

5. 如果我们是拥有自由意志的存在者，那么绝对命令就会毫无例外地适用于我们。

康德在《道德形而上学基础》和《实践理性批判》中对这种形式或类型给出了多种论证。比如，他把对上面结论的论证与绝对命令第一种表述联系起来，假定其他表述可以从第一种表述中推导出来。

在《道德形而上学基础》一书的第三章的开始，康德对自由意志必然包含绝对命令这一论点作出了直接论证。我们必须把意志当作我们行为的一个原因。这就要求意志按照某些法则行事，但是这里的法则不是自然的法则，因为意志应当是自由的。意志必须按照自我制定的法则行事，而只有这种法则才是绝对命令。

我们注意到，康德并不认为道德命令是内在于理性的概念之中的，这是因为理性自身或许让我们按照假言命令行动，比如"找到最有效的手段达到你的目的"。理性自身并不能发出这样的要求：我们的目的是合乎绝对命令的。这是把道德义务必然包括在内的自由意志的更丰富的概念。

自由的形而上学

康德对道德的演绎是不完备的，他没有证明道德不是错觉或"头脑中的幻像"。他的论证只是说明，如果我们是拥有自由意志的存在者，那么绝对命令就适用于我们，但是康德并没有证明我们是自由的存在者这种断言。这种断言是有问题的，因为自由意志的概念是某种无条件者的概念。尽管现象界的每一事物都是有原因的，我们的行为因此也是被因果决定的，但康德仍坚持我们必须把我们的行动看成自由的。他是如何证明第二个前提（上面论证 A）——我们是自由的？首先，在考虑到因果律的情况下，康德来解决自由是怎么可能的这个问题。我们在第三个二律背反中的讨论中看到，我们可以用两种方式看待我们自己，作为自然或现象界的一员，我们的行为是被因果决定的；但作为本体存在者，我们不属于时空的现象界，我们把自身看作自由的。用这种方法，康德试图让决定论和自由一致起来。

在《道德形而上学基础》的第三章，康德非常谨慎，他没有声称我们确信我们自己是拥有自由意志的存在者，我们不能断言这种命题式或理论式的知识，因为自由是理性的理念，在自然界中没有对应物，知识只限于可能经验的对象。鉴于这些原因，在《道德形而上学基础》一书中，康德没有论证前提2的观点，相反，他认为理论形而上学不能防止我们去把本体的自由当作某种可能的东西来思考。

《实践理性批判》采用的是一种非常不同的方法。在《道德形而上学基础》中我们看到，康德试图从自由中推演出道德，这种方法有个局限：我们不能知道我们是自由的，自由不得不成为假设。在第二批判中，康德试图向我们表明：自由是道德的基础，因此就有根据说我们是自由的（即因为自由是道德的前提，所以自由的观念是有根据的）。

用这种新方法，康德证明道德改变了关于无条件意志的空洞的本体性观念。我们在第一批判中看到，范畴若是超越了可能的经验，它就没有真实的内容，因此本体的观念是空的。但是康德认为本体性的观念或许有另外一种不同的内容，即与实践或道德相关。例如，意志的观念在与道德联系中必然获得意义，由理论留下的空白要用实践去填补。

关于德行的理论

《道德形而上学基础》一书主要是确定和证明道德中的先天因素，而《道德形而上学》则以一种相对不太形式化和抽象化的方式阐释了道德，它分为两大部分：法律的形而上学因素、德行的形而上学因素。这种区分反映了康德对法律的和伦理的两种职责的区分。法律的职责关涉到行为的外在方面，并与道德权利相对应。如果我不公正对待别人，那么我就侵犯了他们的权利。而伦理的职责关注的是行为动机，并不与道德权利相应。比如，按照康德的观点，我有伦理的职责去帮助别人，这不意味着别人有权利得到这种帮助。在这一部分，我们主要解释康德关于德行的理论。

在康德看来，绝对命令把某种目的当作我们意志的义务，就是自身的完善和别人的幸福。这不能转换成自身的幸福和他人的完善！首先，这是因为我们自己的本能让我们追求自己的幸福，而这不是一个职责；其次，我们无权去改变他人的目的。

康德把完善分成两种：自然的和道德的。自然的完善在于培养自身的能力，比如：推理、想象、健康和其他才能。显然，绝对命令并不要求我们为了某种好处而这样做，它让我们去追求完善，是因为为自身设定目的的能力是人类显著的特点。因此，我们有这样的职责使我们配得上人类这个称号。

存 留 问 题

康德道德理论的形而上学给我们留下了三个问题。第一个问题是：康德在伦理学中对本体概念的观点是否与第一批判中的观点一致。从他没有肯定存在两个领域，反而强调经验实在没有绝对的本质来看，对第一批判一种一致性的解读要求一个对先验观念论弱的解释。有时，他的道德理论要求对先验观念论作较强的解释。

第二个问题是：按照他的说法，道德的恶或坏是否真的可能。在《道德形而上学基础》的第三章的开始，康德似乎认为自由意志必然会服从道德律，这就是说不自由的行为在道德上就是坏的。康德在《单纯理性范围内的宗教》中通过区分Wille(意志)和Wilkür(意愿，即选择的能力)来解决这个问题。他认为意志（Wille）与实践理性是等同的，它无所谓自由或不自由，而意愿（Wilkür）必须自由地决定是服从理性的命令，还是追随欲望的驱使。

第三个问题是：我们作为现象界的存在者是否理解作为本体的绝对命令。康德意识到了这个问题，他的第三批判——《判断力批判》就是要解决这个问题，这是末章的内容。

9 政治学

On Kant

卡尔·马克思称康德是法国大革命的政治哲学家，马克思早期著作《1844年经济学与哲学手稿》中的观点在某种程度上受到了康德的启发：资本主义使得工人把劳动仅仅作为手段，结果就导致了异化。康德的政治哲学以一种更保守和平实的风格体现了美国革命的精神，因为他的道德哲学的核心是个人的自由。

在康德看来，政治是绝对命令的实践应用。政治不仅仅是马基雅维利式的权宜之计，或以自我为中心的权力斗争这类问题。他的政治理论是建立在个人自律的道德理想之上的，国家的功能和正当理由就是保障个人的自律。《道德形而上学》（1797年）的第二部分即法律的学说基本上涵盖了康德的政治理论。

要把绝对命令应用到公民社会的管理上去，就需要法律。政治就是要公正地解决利益冲突，这就需要一个普遍的标准——康德认为是法律。政治需要法律。

尽管法律的学说必须和道德联系起来，但它与德行的学说不同。道德作为一种德行的形式，对我们的意志和内部动机作出要求。而法律对我们的外部行为作出要求，不关涉我们的内部动机。依照康德的看法，以上这种不同所导致的结果就是，政治的职责对他人来说都是完善的职责。它们不是对己的职责，政治并不包括对他人的不完善的职责，比如慈善的行为。政治的目的不是使人幸福，仁慈的君主专制统治不能借此而获得合法性。因此，我们说，法律是对外的，关涉到针对他人的完善的道德职责强制性的方面。

权利的普遍原则关注的是政治的先天形式，而不是经验的具体细节。这种形式就是每个人的自由与他人的自由按照普遍的法则协调一致。一个人的意志与另外一个人的意志在自由的普遍法则之下统一起来，这就是权利在政治方面的理想。康德认为外在自由的条件就是存在一个强制性的法律。自由需要某种强制力。换言之，自由必然包含了使用基于法律的强制去反对那些侵犯他人自由的人在道德上是合法的这样的含义，任何其他形式的强制都是不正当的。

要让这种权利的原则被一个国家采用，就需要一个"容许最大可能的人类自由的宪法,这自由遵循一些能保证每个人的自由和所有其他人的自由共存的法律"。这是政治的基本原理。

一个国家就是一个统一在公共法律之下的群体。但是我们作为理性的存在者必须把我们自己当作目的,当作自律的立法者。因此,所有的社会法律必须是人民同意的,必须是公开的。任何别的形式都将违背我们的自律的本性。鉴于此,国家一定是由原始社会契约的方式得到它存在的理由。但是,康德对这个思想作了一个新颖的曲解。

不像卢梭那样倾向于把社会契约看作是一个历史事实,康德认为社会契约是一个理性的实践的观念。照此看来,对于外在的内容,人一定要把自己的意志置于普遍的意志之下。这个普遍的意志并不是大多数人的意志(像卢梭的"公意"),康德认为这是理性的一个理念,它通过法律使政府存在合法化。

许多社会契约理论的问题都在于它们陷入了一种两难处境。一方面,如果真的存在过一个有约束力的社会契约,它就该保证国家的合法性,但是我们知道,这个社会契约只是个历史虚构;另一方面,一个本来应该制定的、但是从来没有过的纯粹假设的社会契约思想,却又似乎在保证某种东西的合法性(一个人不能遵守一个从来没有作出的承诺)。康德通过把这种社会契约观点当作一个内在于普遍理性的道德理想来摆脱这个困境。它是所有人应该同意的,它是一个标准。在实践上,这个标准必然包含了这样的意义:立法者应该用普遍性去检验有待讨论的法律。

康德对社会契约的这种新解释为私人财产权提供了一个全新的根据。这是一个实践理性的设定：任何人可以拥有财产，并且排除他人对这一财产的使用，这在理论上是可能的。换句话说，私人财产权是基本权利。康德并没有从实用的角度或有用性的角度来为这种权利找根据，他认为这种权利来自先天的自由权。财产权是自由的外在的保证。

从哲学的角度看，因为在证明原始占有行为的正当性方面存在困难，所以私人财产权是有问题的。某个人声称一块先前无主的土地是"我的"，康德试图用社会契约来证明这种占有是正当的。财产使得法律体系和国家的建立成为必须。换言之，我们应该认可原始占有，因为建立国家是合理的（即让公共立法来保护权利）。建立国家的必要性而非其他证明私人所有权是正当的。这种论证与洛克用劳动概念来经验地论证占有的合理性完全不同。

按照康德的理论，国家的建立并不是一个审慎或更大有用性的问题，而是理性或绝对命令自身的一个要求。依照社会契约论，每个人的自由权应该得到一个普遍法体系的保障。社会契约的理念要求一种立国宪法，它反过来又应该具体规定权力的分割。用这些术语，康德定义了政府的共和形式，它要求立法、行政和司法的分离。区分这些，康德并不是反对所有的君主制。但是，康德确实认为最高统治权属于人民，它是通过立法机关的代表会议来实现的。

康德对法律的至高无上性的这种看法似乎把造反与革命看成道德上错误的，因为这些行为违反了宪法，破坏了社会契约。即使宪法有一条款允许在某种特殊情况下造反，也不会有任何权威来判断这一条款是否适用。这样一个人或机构等于是第二个最高统治者，这将会导致矛盾。然而，公民必须有权公共和公开地批评政府，这种权利是共和国宪法保障的。不过，康德认为言论自由不是压倒性的权利。正如我没有自由去破坏自由，我们不能宽容破坏宽容的言论。换言之，公共批评的权利不能扩展到破坏保护这种权利的宪法的地步。康德认为破坏宪法的法则不能被无矛盾地普遍化，它们否定了它们的预先假定。

从政治的基本原则出发，康德进一步推导出三个原则。第一个原则是自由。政治自由需要法律，法律必须作为自由的条件，而不是自由的限制或强制。政治自由不依赖别人意志的强制。在一个公民社会中，法律不是任何某一个人的意志，但应该是所有人都认同的。法律在这种意义说是普遍的，因此，自由的权利与政治上的家长式统治不相容。第二个原则是法律面前人人平等，在法律上没有例外或特权，因为法律是普遍的。需要注意的是，康德平等的观念是纯粹程序上的，不包含任何经济上的平等的意思。第三是自立或自足，这是投票权的要求。

在康德看来，政治的最终目的是达到一个永久和平的正义秩序。这种理想要求把政治的理想拓展到国际间。康德认为一个和平共和国的联邦是实现这一理想的最佳可能。在康德看来，这种政治理想是可求而不可得的。康德的确认为要想理解历史，我们必须假定在历史事件发展中有一个目的或计划，但康德并不是说确实有这样的计划，只是因为没有这样一个理念，历史就无法理解。因为人的本质在于自由意志，我们应该假定自然的计划就是我们的教育朝向一个自由和理性的状态发展。历史是朝向更大自由发展的，但这并不意味着所有变化都是进步。这种历史进程使人类成为一个整体，它是我们的历程。

10

On Kant ——— 上帝与宗教

康德对超感性的东西或本体的态度似乎是模棱两可的。一方面,在《纯粹理性批判》中,他强烈反对唯理论者的假定:我们可以对本体有理论上的知识。他坚持认为范畴只有与可能的经验联系才有意义。另一方面,特别是在《实践理性批判》中,康德显然为关于宗教的形而上学的观点辩护,他认为道德预设了这些观点。从表面上看,康德似乎既否定又肯定超感性的东西或本体。这种张力使得他的哲学很有趣;简单拒斥或接受这种超感性的东西或许显得片面了,但我们应该小心地阐释他的观点,以免产生矛盾。

这种矛盾也出现在康德对上帝和宗教的讨论之中。在一定程度上,对这个矛盾的解决，要看他关于上帝和宗教的观点是如何成为他道德哲学的一部分的。在康德看来，道德不依赖宗教，而宗教要依赖道德。宗教信念的基础和根据是我们的道德感情或道德法则。最终，道德要求我们信仰上帝（或者说至少上帝是可能的）。任何关于上帝存在的（理论上的）知识都是完全错误的。从康德的宗教观作为他道德理论的结果这一角度来看，仍然给我们留下这样一个整体性问题：第一批判与第二批判是如何一致起来的。康德关于自然与道德的观点似乎是矛盾的，第三批判才完成了对这种矛盾的协调。

康德对形而上学的模棱两可的态度，使得他成为一个有趣的、与教会有矛盾的宗教思想家。有时，特别是在正统派看来，康德建立在道德基础上的神学好像是一种不可知论，他对道德的看法与一些传统的基督教礼俗不一致。简单说来，在康德看来，对上帝的信仰和宗教习俗必须植根于对道德的敬重，任何越出这个范围的行为都会是一种迷信或对内在自由的否定。在康德看来，信仰上帝就是以道德的方式去行动，其本身是对神圣性的确认。"除了道德的生活方式以外，人以为他能做取悦于上帝的事，那只能是宗教的欺骗。"在康德发表《单纯理性范围内的宗教》（1793年）之后，国王威勒汉姆二世写信给康德不允许他再发表关于宗教的言论，康德一直遵守直至国王1797年去世。

对上帝存在证明的反驳

在康德看来，上帝的观念是一个理性的理念，像理性的其他理念一样，它不能展现在经验之中，上帝不是一个可能经验的对象，因此上帝不是自然世界的一部分，由此，康德认为证明上帝存在是不可能的。但是他又说，我们可以有作为本体存在的上帝这样一个观念，尽管这种思想决不能等同于知识。换言之，康德的上帝观有两方面：一方面批判传统的对上帝存在的证明；另一方面是我们关于上帝理念的一种解释。

康德认为所有对上帝存在的论证都可以归结为三种论证：本体论证明，宇宙论证明，物理学—神学证明。他用存在不是一个谓词或属性来反驳本体论证明（A626），他认为存在仅仅是一个判断的系词。"上帝是完美的"这个命题只包含两个概念——"上帝"和"完美"，小词"是"不增加新的谓词。换句话说，在上帝存在的观念和上帝不存在的观念之间没有什么区别，存在不为上帝的观念增加任何东西，所以存在不是一种完美（与本体论证明所声称的相反）。康德还认为所有存在的命题都是综合命题，并反对必然存在的观念。在 A622—A623，他讲道，即使上帝是一个绝对必然的存在者，这也不意味着上帝必然存在，只是说，如果上帝存在，那么他是必然存在。这与否认上帝存在的证明并无二致。

上帝存在的宇宙论证明如下：如果有任何东西偶然存在，那么有些必然的东西必须存在。现在某种东西偶然存在，所以必然的东西一定存在，这一定是上帝。康德集中讨论这个论证的最后一部分：从"某种必然的东西存在"过渡到"上帝存在"。他认为这一步论证预设了本体论的证明。除上帝以外，没有任何存在者是必然存在的论断，包含了如果有必然存在的话，那他是上帝；如果有东西是上帝的话，那它是必然存在这两个断言。康德认为第二个断言牵涉到了本体论的证明。

物理学—神学证明通常叫作"设计论证明"。康德认为自然的有序性并不表明需要一个创造者或设计者。在康德看来，设计论证明预设了宇宙论证明，因为设计论证明从自然的有序性过渡到必然存在者的存在，即上帝。既然推翻了宇宙论、本体论和必然存在的观念，那么设计论也站不住脚了。

上帝的理念

康德认为上帝的理念与自由的理念一样，是关于一个无条件者的理念。无条件者不能在经验中获得，因此它不是现象界中的对象。把上帝想作一个实体或对象是错误的。这相当于肯定了先验实在性或肯定了本体的积极性的观念。用这种方式，理性不能给我们关于一个绝对实在的形而上学的知识。

康德不仅仅否定了知识的这种可能性，他的批判更彻底；他否定了意义。范畴的功能与意义与可能经验相关，除此以外，它们没有意义，它们是空的（B707）。这就是我们对本体没有积极性的观念的原因。康德在"感性"的两种意义上限定了感性的范围。因此，上帝是一个空洞的有限的概念，是这个界限不理想的一面。这是对纯粹理性的谬误进行分析的部分。

尽管有这种谬误，这种无条件的观念还是理性不可避免的一部分，因为理性追求一种完备的解释，它们是理性基本的运思方式。错误之处就是把这个世界思想为服从于这些理念，这种错误是没有认识到这些理念仅仅是调节性的而不是建构性的。上帝的理念作为一个理性的理想，绝不能在经验世界中获得。

康德用一个关于整体性实在的无条件理念来解释上帝这个特殊的理念。任何个体都是由与之相关的所有成对的互相对立的谓词确定的，它或是红的或不是红的，或是圆的或不是圆的……与我们知道的谓词相对，这个原则（所有存在的事物都是完全确定的）要求所有可能谓词的观念。它要求关于一个完整的大全或所有实在总体的无条件的观念，这种无条件的观念引向了一个关于把所有实在囊括在内的东西的理想。康德称之为最实在的实体（ens realissimum），这种理想就是我们关于上帝的观念，一个唯一完全的事物（A576）。

在哲学神学讲演中，康德对自然神论与有神论作了一个有趣的区分。自然神论者相信上帝但是把它当作"所有事物基础的一个永恒的自然",自然神论者信仰非人格的上帝,有神论者把上帝当作一个道德上的、活生生的存在物来信仰,这种想法的某些内容是从日常生活中通过类比得到的。比如,我们把上帝当作一种与我们自己的意志类似的意志。

一个实践的证明

康德说他拒绝知识是为信仰留出地盘(BXXX),或许这样说更准确一些:拒绝理论的知识为实践的知识留下地盘。信仰不单单是一种没有根据的意见(A820),康德认为有些论证是基于道德的,而道德又使信仰上帝成为理性的要求。

在《实践理性批判》中,康德说我们受到道德律的约束,因此我们必须把自己看作是自由的,但我们不能认识我们是自由的。尽管一个人必须把自己看成在自然中受到因果律支配的,但同时,道德和行动也要求我们把自己当作不受因果律约束的本体的存在者。这被称为实践理性的第一个假设。

康德认为灵魂不朽和上帝的观念是相似的,但它们是道德的间接要求(这是第二个和第三个假设)。要理解为什么,我们必须了解康德关于至善(summum bonum)或完满的善的概念。理性寻求一个无条件的整体,在理性的理论功能中,这个无条件者被称作理性的理念（见第七章）。在它的实践功能中，理性的对象是至善，这是实践理性的理想。显然，按照康德的看法，这是用德行或善良意志来定义的。尽管善良意志是无条件的善，但当它能带来幸福时，它就更完满了，这种完满的善包括德行和幸福两个因素。

在康德看来，德行和幸福之间的连接不是分析的，其中一个观念不包含另外一个观念。这种连接是综合的，当然也不是经验的，因为德行并不总能带来幸福，幸福的人也并不总是有德行的。这种连接是这样的：德行在理想的情况下应该实现幸福，并通过一个实践的先天综合主张表达出来。它不是一个理论的先天综合真理——不是经验的必要条件。康德并没有声称，因为从长远看将使我们幸福，所以我们必须以一种道德正确的方式进行意志活动。这样一种观点会使道德变成他律而与道德哲学的基本原理发生冲突。尽管正义要求德行必须带来幸福，道德需要德行，但并不是为了幸福，德行是以自身为目的的。

这种至善（summum bonum）或者完满的善是实践理性的理想。因此，就我们是具有自由意志的本体而言，我们必须相信这个理想是可以达到的。从这一点，康德得出了不朽和上帝的观念。不朽是完善的德行理想的实践前提。我们必须这样思想，至善的理想是可以达到的。这个理想的核心是完善的德行，鉴于此，个人的意志与道德律完全是一致的。康德把这称作神圣性，因为在这种意义上说，上帝的意志必须是完善的。当然，我们人类，作为生活在自然世界中的存在者，在我们一生中不能达到这种神圣性。这种理想把一个朝向这个理想前进的永无止境的任务摆在我们面前，这个理想因此需要不朽——"理性存在者的个人和存在的没有尽头的延续"（220），这与第一批判的谬误推理形成鲜明的对比。康德反驳笛卡尔说，灵魂不朽不能被我们确定，因为它把意识的统一性当作统一的意识。笛卡尔把"我思"非法地当成了一个永恒的实体。

康德认为两大批判可以协调一致起来，因为在第二批判里，他并没有肯定我们能知道我们是不朽的。从理论知识的观点看，我们不能确定不朽；知识必须限于由处在时空之中的事物组成的现象界。但是从道德的观点看，必须设定不朽，否认它就等于说至善或神圣性是达不到的，也就是否认它是理想，这反过来，又否定了道德。康德通过否定理论知识的可能性而肯定实践知识的必然性来实现他的协调一致。

实践理性的第三个假设是上帝。实际上，上帝保证了德行与幸福之间先天与综合的连接。正如正义所要求的那样，幸福应该与德行相称，这要求上帝这样一个作为整体善的存在者。这不构成一个对上帝存在的证明，毋宁说是一个证明向我们表明：对上帝的信仰内在于我们的道德理解和实践中。相信至善的道德理想可以达到，就暗含了要信仰上帝这样的要求，因此追求最高的善证明了信仰上帝是有根据的。

这并不意味着道德依赖于上帝，康德说：

> 道德植根于作为自由的人的观念之中……既不需要一个凌驾于人之上的另外一个存在者观念使人认识到他的职责，也不需要一个除法则之外的任何别的动力。

而且，这并不意味着我们能确定上帝的存在，实践理性的第二与第三假设并不等于是为灵魂不朽和一个公正的上帝做理论上的辩护。康德称，一个假设就是一个"实践上必须的假定"（11—12）。这就是说，即使没有断定上帝存在的根据，我们也有道德上的理由在他好像存在的情况下来看待世界和行为。如果我们不这样来看待世界和我们自己，那么我们在道德方面就会陷入矛盾和非理性。如果道德的理想是可以实现的，那么就必须做出这两个假设，在康德看来，如果我们应该朝向这个理想努力，那么它们就必须是这样的。

尽管有这些澄清，但要使康德在第一批判中对唯理论的批评与第二批判中的道德神学一致起来，似乎仍有些困难。其中部分原因是，康德有时是这样写的，好像道德的论证为上帝的实在性提供证据。他是不应该这样说的。这当然只是一个小小的不一致，并不是一个令人担心的问题。更深层次的问题是，在第一批判中，康德明确肯定本体的概念只是一个空洞的限制性的概念，我们把范畴应用到超越了可能经验的领域之外，就没有意义。因此，康德这一观点与其说是我们对上帝存在缺少证据这样一种知识方面的论断，不如说是因为超越了感性的界限运用范畴，这种讨论就变得毫无意义这样一种意义方面的论断。我们已经看到这个问题不仅影响到康德的上帝观，而且影响到他对自由的思考和他的道德哲学。幸好，康德认识到了这个问题，在第三批判中他试图解决这个问题。

11　目的论之美

On Kant

在《判断力批判》的导言中，他提出了一个源自前两大批判的非常迫切的问题：现象界和本体界像是两个分离的世界。康德说：

> 自由的概念与自然的认识不相关，自然的概念与自由的实践法则也不相关。（M，p. 37）

如果这两大领域之间有不可跨越的鸿沟，那么康德的道德哲学怎么能与自然界相关？自然界怎么能作为道德目的的一个合适的中介？

康德在判断的本质之中找到了解决方案。我们通过把解释自然现象的普遍法则和分类放到自然之中从而理解自然，或用康德的术语，反思判断的目的是发现应用在特殊中的一般。在康德看来，从特殊上升到一般，判断需要先天地假定自然对于像我们这样的存在者来说是可以理解的（比如，因果律可以用少量的更一般的因果原则来解释）。

这个关于判断的先天假定并没有规定世界真的是怎样的，只是规定了我们如何看待它。我们应该把这个世界看成对于我们这样有限的心灵是可以理解的。实际上，我们应该把自然看成好像是一个超人创造的人造物，是寻求使得任何事情对于我们都是可以理解的一个创造性的理性的产物。康德说：

> "特殊的因果律必须被看成……依照好像应该存在的统一性，如果一个理性能够为我们的认识能力提供这种因果律的话。"（M，P. 19）

当世界与这种自我设定的观点一致的时候，我们就感到一种美感，这种美感决定了美的事物。

这如何与康德要沟通两大批判的目标联系起来？判断的先天原则使我们认为自然并非完全与道德目的的实现不相干。美使得我们把自然看成好像是本体以现象方式的展示，它让我们把自然当作表现了超感性的巨大的人造物。这使得我们有理由相信，至少是希望，本体的道德观念可以在现象界实现。

美

在康德看来,审美的愉悦在所有快感之中是独一无二的,因为它是没有任何利害关系的。一个美的对象并不是通过满足我们的欲望与意志来引起我们的愉悦。因此,主体不能在任何独特的欲求中找到这种快感的基础。而且,审美的快感一定植根于常人所熟悉的事物之中,因此,主体必须相信他或她有理由认为别人也有相似的审美的愉悦。由此,康德得出这样的结论:关于什么是美,我们和他人之间要求普遍和必然的一致性。如果我判断什么是美的,那么我必定认为别人也应该发现它(如果他们不能发现这种美,那么他们或许弄错了)。由此,康德说审美判断仿佛是客观的。

什么使一个自然对象成为美的?康德的回答有三个层次。第一层是否定的:当一个对象是美的时候,康德否认我们诉诸任何确定的概念或一系列制定的规则就能回答这个问题,尽管他认为审美判断要求普遍的一致性,但康德否认它们具有严格的客观性。判断一个对象是美的,我必须依赖于我自己的情感而不是任何规则和确定的概念,这就是说我们不能借助于任何规则去解决审美的争论或确定什么是一个对象的美。

第二,康德积极意义上的回答是基于自然是可以理解的这个判断的先天假定。当我们对一个对象的知觉使我们觉得有理由把自然看作是可理解的,那么这个对象就是美的。这在于把自然看成好像是一个异于我们的有理智者正是为了那种目的创造出来的，这样一来，我们的理智就感到亲切如家常。一个美的对象使得我们有理由相信自然好像是为了某种目的被创造出来的，尽管在审美判断中我们没有明确的目的。换句话说，美的东西具有无任何真正目的的合目的性。

第三，康德在目的论的回答中加入了一个心理学的观点。当我们感觉到某事物是美的，我们的官能以一种特别流畅和谐的方式把知觉到的材料综合起来。审美的愉悦基于官能和谐地发挥作用。我们把一朵美丽的玫瑰看成某种完美或恰好的事物，是因为我们感到好像它的形式或形状体现了某种目的，这产生出了一种无利害的美的愉悦。

两大批判的统一

康德的美学理论是与第一批判、第二批判联系在一起的。理论与道德的分离势必使下面两点成为可能：自然界是在因果链条之中的；道德需要自由。但是，康德必须否认道德命令只能适用于本体的意志，因为那实际上使得道德律与我们日常行为所处的牛顿式的机械世界不相干，但是一个属于本体的道德律是如何作用到处于机械世界中的感情和行为上去的呢？

最根本的问题就是现象怎么能具有道德的内容。观念不像概念那样拥有例子；概念如果无直观则空，那么观念没有例子就一定是空的。第三批判的问题就是"属于本体的自由的观念如何具有关于现象界存在者的内容（也即它不仅仅是一个空洞的限制性的观念）？"这个问题也就是"一个超感性的道德律如何有意义地应用到自然世界中？"或"道德的现象化是如何可能的？"

答案其实是一个简单的观点，判断必须做某种假定：对自然进行科学研究是可能的。同时，也要独立地做出这样的假设：道德的现象化也是可能的。当世界显得与判断的假定相一致时，我们就感到了美。换言之，美是这样一种感情：世界服从于判断作出的假定，因此，我们把自然看成好像它有个目的。这个条件给我们一种希望：现象化的道德是可能的。

康德对判断原则的描述包括两个因素，第一是要把自然看成对我们来说是可以理解的，比如是由于经验因果律的统一性；第二是准目的论的：我们必须把自然看成好像是被设计出来的。

要试图理解这个世界，我们应该采用这样一个普遍的、可行的假设：自然是可以理解的。上面对原则的第一个解释说明了反思判断的目标或标准，尽管我们真的去作判断时不会遵循这个标准。比如，当我们具有良好的判断时，我们就会用关于自然的简单性的观点来指导我们去研究自然。没有这样的标准，我们就没有希望得到系统的经验的知识。这个原则设定了一个目标，这个目标对于某些任务来说是必须的。它仅仅作为一个启发性的向导，我们不必妄加断言自然必须服从那个原则。

从这个普遍的假设，就可以得出一些更精确的假说。这些假说为自然设定了可以被确证或否证的具体的前提或断言，尽管这个普遍的原则自身不能被确证或否证。当这些具体的前提通过观察而好像被否证时，我们不应放弃这个普遍的原则，而应该继续我们的探求，以期在比以往更深的层次上揭示自然的统一性或简单性，因为这个普遍的原则只是说我们能做什么（即我们可以把多样化的经验的物理规律统一起来），它不可能被确定无疑地否证：在经验的角落里总是有更多的证据在等待发掘。

先天的判断原则的第二个因素是目的论的：关于自然的形式目的观念。康德经常说，我们必须把自然看成好像是被设计成的。这不仅仅是一个起作用、可行的假设或对具体研究的指导；它还是投射到世界中的一个知觉的视点。它告诉我们必须把自然看成好像是被设计成的并且是表达了超感性的东西的一个巨大的人造物。把自然当作目的，并不仅仅是把一个可行的假定当作一个研究性的指导，它更像受到了一种思想倾向的影响，这种思想倾向影响和改变了人的知觉。当然，把自然看成被设计成的或者当作是机械的，也许知觉在基本层次上没有区别。用准目的论的眼光看待自然，不必把特定的性质归之于世界，目的不是自然的属性。

判断的假设是先天的在于它不是通过经验获得的；它的来

源就是判断自身。当然，从它是经验的必要条件的意义上说，它不是先天的，因此，它不能决定自然世界的形式。康德也否认它仅仅是心理上的必要条件；它不是用来描述我们是如何真正地判断和看待自然，而是向我们显示应该如何去做。"应该"在这里是什么意思呢？判断的原则是怎样被证明它也是一个标准？如果要求一个人去证明具有一般形式的这个原则的第一种表述，那么一个合理的回答将是这样的："如果不用这些可行的假设，我不能继续系统的研究；我必须假定自然是可以理解的，即使许多个别研究的领域似乎是不可理解的。即使我被大量表面看来是孤立的事实所包围，那么如果假定自然在最终分析上是不可理解的也就等于放弃了研究，或面对这种不可理解投降了。"换言之，它是获得系统知识的必要条件，而且，假定自然是不可理解的就是放弃理性探求的想法。

　　康德坚持认为，从现象到本体的转变通过目的论观念就变得可能了。这是如何可能的？如果我们用目的论的眼光看待自然，我们将会把自然视作易于服从道德的现象化而且也是美的。前面已经作过说明，康德认为我们应该用这种眼光看待自然，因为美感给我们这样的希望：道德是可以现象化的，我们在世界之美中有了道德的旨趣。这不是说美可以还原成道德，康德坚持认为美学是独立于道德的。

　　不仅说美里面有道德旨趣，康德还认为美象征了道德上的善。美是要求关于合目的的形式的观念。这种形式的观念需要本体意志的观念。美的事物是善的象征，因为美的观念要求一个关于本体意志的假设，这个本体意志设计出自然，使自然对于具有我们这样认识能力的生命是可理解的。因为一个意志应该被看作道德上是善的，通过类比，自然美象征了这种善。

康德美学理论的一个有趣的方面是他对美的客观性的分析。美是从观察者那里产生的一种感情，因此，它不是事物的客观属性。但是，康德认为关于什么是美的判断可能出错；我们应该对什么是美持一致看法，同时，他也认为当一个事物应该判断为美的时候，我们找不到规则去理解。

崇　高

康德也分析了另一种美的愉悦——崇高。它是通过对理性的本体之理念进行沉思得到的。但是只有理性的理念可以严格称为崇高，导致我们对这些理念进行沉思的自然之物只能从派生的意义上称之为崇高。当自然强烈作用于我们的感官，心灵从感性的世界被引向超感性的理性内在的理念，这引起我们的快感。当狂野的、无序的、强有力的和强大的自然，撞击到我们的感官，它引起我们的排斥感，当然，与此同时，我们强烈意识到感性世界在表达理念时的不足，这引导我们以无利害的快感去思考。

崇高与美之间有许多重要区别:通过美的事物,我们在自然中发现目的,通过崇高我们在超感性的理性的理念之中发现目的。当然这两种美感有许多共同之处,它们的快感都是以自身为目的,两者都不是基于我们的利害和任何明确的概念。而且,两种判断都是主观的,也是普遍有效的,尽管就崇高而言,康德认为只有道德律才能要求普遍和必然的一致性:

> 自然之中崇高的愉悦……,坚持要求普遍的参与,但是它预设了另一种感情,即我们的超感性领域的感情,这个领域……有个道德的基础……,我们可以要求每个人都有快乐,但是我们只能通过道德律来实现。(M, P. 149)

目 的 论

《判断力批判》分两部分。第一部分解释因为目的的形式,美是如何可能的,并就此论及形式的目的论的判断。第二部分是关于自然的目的,或质料的目的论判断的。为了使用自由这个观念,我们需要把自然看成不仅仅是机械世界,这个观念把两部分统一了起来。我们需要把整体的自然本身思想为某种超感性的东西的显现。

康德强调我们有时会把外在的目的置于自然之物上去。比如，我们说草的存在是为了驯鹿去吃它，而驯鹿是为了我们去猎捕它。但是，康德提出这种可能性只是为了拒斥它，他对自然的外在目的判断持怀疑态度。他证明了为任何这样的判断找出理由是不可能的（否则人存在的目的是为了蛆这样的看法也同样是有根据的了）。他说一个更好的解释是奶牛能生活在长草的地方，人在北方狩猎，因为那里有驯鹿。

不过，康德区别了内在目的与外在目的，内在目的属于体现目的之自然之物。不是有一个关于外在之物的目的，而是它们就是目的。比如，让我们考虑一棵树的生长，树木通过自我生产过程把物质组织起来，这一过程建立在整体与部分之间的相互依赖之上——树木作为整体需要它自身长出的叶子。康德说，当一个事物是自身的原因和结果的话，那么这个事物有个内在的目的。首先，在一个有目的的整体中，"每一部分的存在都是通过其他部分的存在并且被认为是为了整体的存在而存在"（286）。当然，这并不足以区分一个有机整体和一个像手表这样的人造物。这就是为什么康德又增加了第二个条件：这样的存在是自组织的，从这种意义上说，各部分必须被视为相互产生的，这样一个自组织的整体具有康德所称的成长的力量。

根据这两种观点，康德给出了内在目的的定义："一个有组织的自然之物就是这样一种事物：它其中的一切都是互为目

目的论之美　151

的与手段的。"他认为这可以用来定义"有机体",并且自然之目的这样一个理念是自然科学研究中的一个必要的指导式的原则。科学家去"解剖植物与动物"是为了研究它们的结构,"想找出……为什么这些部分是如此这样和为什么会在那个位置"(376)。康德把这个原则作为一个解释自然的判断之先天调节性的理念。它不是经验的,也不是经验的必要条件。

康德认为这个原则要求我们把自然当作不仅仅是由盲目的因果机械作用所控制的,但这并不意味着在自然的原因之外,我们不得不设定一个暗藏的超感性的原因,因为这样做就违反了第一批判的内容与精神。他的意思是,必须也从目的论的角度来看待自然之中的机械原因(377)。

一方面,康德对外在目的持怀疑态度,他认为内在目的理念只适用于自组织的存在物,不适用于无机物;另一方面,康德认为目的论的理念可以扩展到把自然解释为一个有目的的系统。把它当作调节性的原则,我们通过这个理念把整个自然统一成一个整体。我们确实可以把它看成一个巨大的有机体。

不过,康德告诫我们,我们没有理由相信自然真的有个目的。目的理念,只是有关反思判断的一个调节性的原则。康德进一步指出,自然的目的论观念要求一个关于自然的智性的原因,一个超感性的上帝的理念。当然,判断之调节性的理念并不能给我们任何理由去肯定上帝的存在。

是不是机械的法则就能充分解释自然现象呢?判断的第

一个准则认为它们能行。另外，有机存在者具有内在的目的，这就是说仅仅由机械的因果律还不足以对它们作判断。判断的第二个准则说某些自然之物仅仅依赖机械的因果作用是不可能的。

康德把这种表面上的矛盾称为目的论判断的二律背反。他通过否认真的存在一个二律背反来解决这个问题。判断的两个准则对现象界来说是研究性的原则而不是构成性的。

12 结论

On Kant

对世界采取科学的态度怎么能与道德和宗教的观点相一致呢?
通常的解释使得康德的回答非常接近笛卡尔的二元主义。存在两个世界——现象的世界和本体的世界。一个重要的不同就是,在康德那里,这两个世界不能互相作用。另外一点,在康德那里,本体不是处在时空之中的,这些使得康德的两个世界没有笛卡尔那样有吸引力。而且,康德的两个世界的理论前后并不一致;两个世界违反了第一批判中的主要观点。尽管这样,仍然有大量文本依据支持这个两个世界的看法。

用另外一种思路可以解释康德的回答,这也有文本上的根据。只存在一个世界,它就是由因果决定的处在时空之中的事物组成的。当然，我们被迫用另外一种方式——依照自由的观念来看待这个世界，更重要的是看待我们和我们的行为。这是如何可能的？康德的回答分为三个层次：

第一，本体这个否定性的概念包含在以科学的态度看待世界之中，这是因为经验论并不解释知识，它不能解释自然界和经验自身的结构特征，它不能解释先天综合。先天综合表明，本体的否定性的概念是必要的，并不是附加的，但它只是对我们知识的一个限制。

第二，我们的道德经验要求本体的观念，我们决不能知道我们是自由的，但是自由和理性是道德的前提。在这种意义上，这些观念和理性的理想获得了一个与实践有关的意义，尽管它们不能扩展我们关于世界的知识。用这种方式，我们也可以使许多关于宗教的看法变得有意义。为了使道德有意义，我们必须把我们看成本体的意志。

就此而言，我们还没有暗示两个世界的存在。当然，康德的观点并不彻底：道德与自由并没有完全与科学的观点一致起来，我们用这种观点看待我们自身是有根据的吗？我们可以通过诉诸道德的无条件的本质，来证明把我们当成本体是有根据的，道德要求自由。我们也可以通过诉诸于我们是自由的行为者，来表明道德不是水中花镜中月，自由包含了道德的概念。这两点向我们清楚表明自由与道德是比肩而立并结合在一起的，但是问题仍然存在，第一批判坚持认为作为自然界中的人，我们没有经验的证据表明道德的要求适用于我们。无条件者的理念并不是一个经验的对象，也不是经验的必要条件，因此，似乎没有理由这样认为：道德要求可以应用到作为自然的存在者的我们身上。

第三，科学的实践要求我们把自然当作目的论的、有目的的系统。我们没有别的选择，只有把受因果机械支配的自然界看成好像是为了某个目的的存在。否则，就没有理解有机体的可能性。而且，美感给我们一种希望，世界是我们的家园，它适于实现我们的道德生活。换言之，这种感情让我们认为我们把自然看成表达了某种绝对的东西是没有错误的。并不是有两个世界，而是我们把这个世界（我们必须看成是机械的）当作非机械的，当作一个有目的的系统。

这个回答因而相当于，由于道德上的原因，我们被迫把这个世界当作不仅仅是机械的，这"证明"或"支持"了可用同样的方法看待我们自己和我们的行为。

要完成这个回答，需要满足两个条件。第一，它要求康德不要去肯定有现象与本体这两个世界，但是可以用两种方式去思考同一个世界；第二，它需要求助于康德运用的实践与感情，使我们可以证明这个观念有意义。

On Kant 参考书目

亨利·艾利逊：《康德的先验观念论》，耶鲁，1983 年（Allison, Henry, *Kant's Transcendental Idealism*, Yale, 1983）

亨利·艾利逊：《康德的自由理论》，剑桥，1990 年（Allison, Henry, *Kant's Theory of Freedom*, Cambridge, 1990）

布鲁斯·奥诺：《康德的道德理论》，普林斯顿，1979 年（Aune, Bruce, *Kant's Theory of Morals*, Princeton, 1979）

贝内特：《康德的分析论》，剑桥，1966 年（Bennett, *Kant's Analytic*, Cambridge, 1966）

贝内特：《康德的辩证论》，剑桥，1974 年（Bennett, *Kant's Dialectic*, Cambridge, 1974）

戈登·布里顿：《康德的科学理论》，普林斯顿大学出版社，1975 年（Brittain, Gordon, *Kant's Theory of Science*, Princeton University Press, 1975）

恩斯特·卡西尔：《康德的生平与思想》，耶鲁，1981 年（Cassirer, Ernst, *Kant's Life and Thought*, Yale, 1981）

柯亨·泰德、保罗·盖耶编：《康德美学散论》，芝加哥大学出版社，1982年（Cohen Ted and Guyer, Paul eds, *Essays in Kant's Aesthetics*, The University of Chicago Press, 1982）

埃克哈特·福斯特编：《康德的先验演绎：三大批判与康德遗著》，斯坦福，1989年（Forster, Eckhart, ed., *Kant's Transcendental Deductions: the Three "Critiques" and "Opus Postumum"*, Stanford, 1989）

保罗·盖耶：《康德与他的审美观》，剑桥（Guyer, Paul, *Kant and the Claims of Taste*, Cambridge）

保罗·盖耶：《康德与他的知识观》，剑桥（Guyer, Paul, *Kant and the Claims of Knowledge*, Cambridge）

康德：《自然科学的形而上学基础》，詹姆斯·埃林顿译，鲍勃-梅里尔出版公司，1970年（Kant, I. *Metaphysical Foundations of Natural Science*, trans. James Ellington, The Bobbs-Merrill Company, 1970）

康德：《判断力批判》，J. C. 梅雷狄思译，牛津大学出版社（Kant, I., *Critique of Judgement*, trans J. C. Meredith, Oxford University Press）

康德：《实践理性批判》，T. 阿博特译，朗文出版社，1909年（Kant, I., *Critique of Practical Reason*, trans. T Abbott, Longmans, 1909.）

康德：《单纯理性范围内的宗教》，T. 格林、H. 赫德逊译，欧本柯特出版社，1960 年（Kant, I., *Religion within the Bounds of Reason Alone*, trans.T. Greene And H. Hudson, Open Court, 1960）

康德：《纯粹理性批判》，开普·斯密译，麦克米兰，1929 年（Kant.I., *Critique of Pure Reason*, trans.N.Kemp-Smith, MacMillan, 1929）

康德：《哲学书信集》，阿努尔夫·茨威格编，芝加哥大学出版社，1967 年（Kant, I., *Philosophical Correspondence*, ed.Arnulf Zweig, University of Chicago Press, 1967）

康德：《未来形而上学导论》，P. 卢卡斯译，曼彻斯特，1978 年（Kant, I., *Prolegomena to any Future Metaphysics*, trans.P. Lucas, Manchester, 1978）

康德：《道德形而上学基础》，H. 帕顿译，哈奇逊，1956 年（Kant, I., *Groundwork of the Metaphysics of Morals*, trans.H. Paton, Hutchinson, 1956）

康德：《道德形而上学（第二部分）》，J. 埃林顿译，鲍勃·梅里尔出版社，1964年（Kant, I., *Metaphysics of Morals*(part II), trans.J. Ellinnton, Bobbs Merrill, 1964）

康德：《政治著作》，剑桥，1996 年（Kant, I., *Political Writings*, Cambridge, 1996）

玛丽·麦克洛斯基：《康德的美学》，纽约州立大学出版社，1987 年（McCloskey, Mary, *Kant's Aesthetics*, State University of New York Press, 1987）

罗杰·斯克拉顿：《康德》，牛津，1982 年（Scruton, Roger, *Kant*, Oxford, 1982）

彼德·斯特劳森爵士：《感性的界限》，梅休因出版社，1966 年（Strawson, Sir Peter, *The Bounds of Sense*, Metheun 1966）

加勒特·汤姆森：《现代哲学导论》，华兹华斯出版社，1993 年（Thomson, Garrett, *An Introduction to Modern Philosophy*, Wadsworth Press, 1993）

拉尔夫·沃克：《康德》，劳特里奇，1979 年（Walker, Ralph, *Kant*, Routledge, 1979）

W·H·沃尔什：《康德对形而上学的批判》，爱丁堡，1975 年（Walsh, W. H., *Kant's Criticisms of Metaphysics*, Edinburgh, 1975）

K·沃德：《康德伦理观的发展》，巴兹尔·布莱克韦尔，1972 年（K.Ward, *The Development of Kant's Views on Ethics*, Basil Blackwell, 1972）

艾伦·伍德：《康德的道德宗教》，康乃尔，1970 年（Wood, Allen, *Kant's Moral Region*, Cornell, 1970）

保罗·罗伯特·沃尔夫：《理性自律》，哈珀·罗出版社，1973 年（Wolff, Robert Paul, *The Autonomy of Reason*, Harper and Row, 1973）

悦·读人生 书系

生为人，成为人，阅读是最好的途径！

品味和感悟人生，当然需要自己行万里路，更重要的是，需要大量参阅他人的思想，由是，清华大学出版社编辑出版了这套"悦·读人生"书系。

阅读，当然应该是快乐的！在提到阅读的时候往往会说"以飨读者"，把阅读类比为与乡党饮酒，能不快哉！本套丛书定位为选取国内外知名学者的图书，范围主要是人文、哲学、艺术类。阅读此类图书的读者，大都不是为了"功利"，而是为了兴趣，希望读者在品读这套丛书的时候，不仅获取知识，还能收获愉悦！

"最伟大的思想家"

北大、人大、复旦、武大等校30位名师联名推荐,集学术性与普及性于一体,是不可多得的哲学畅销书

京东购买

当当购买

当当购买 / 京东购买

当当购买

京东购买

聆听音乐(第七版)
耶鲁大学公开课教材,全美百余所院校采用,风靡全球

大问题: 简明哲学导论(第十版)
全球畅销500万册的超级哲学入门书,有趣又好读

艺术:让人成为人
人文学通识(第10版)

被誉为"最伟大的人文学教科书",教你"成为人"

当当购买

京东购买